Vorwort

Fatigue-Syndrom, auch Erschöpfungssyndrom genannt – dieser Begriff wird den meisten Menschen nichts sagen.

Ich habe dieses Buch geschrieben, um auf eine Erkrankung aufmerksam zu machen, die Menschen häufig aufgrund einer Krebsbehandlung, erleiden. Viele davon finden wieder in ihren normalen Alltag zurück, die Erschöpfung entwickelt sich zurück und vergeht schließlich. Doch bei Anderen, entwickelt sich das Fatigue-Syndrom zu einem chronischen Zustand, ihr Alltag wird von einer nicht enden wollenden Erschöpfung bestimmt. Mein Ziel ist es, genau diesen Betroffenen Mut zu machen, das Gefühl zu vermitteln, nicht allein mit dieser Krankheit zu sein. Ein paar meiner eigenen Strategien habe ich mit einfließen lassen, aber ich bin sicher, Sie werden Ihre finden.

Das Buch ist absichtlich etwas dünner gehalten, da ich weiß, wie schwer den meisten der Erkrankten, das Lesen von Büchern, ganz besonders von sehr ausführlichen Werken, fällt.

Viertel Kraft voraus

Leben mit dem Fatigue-Syndrom

Evelyn Kühne

Dieses Buch ist für Torsten, Susi, meine Eltern, Klara, Paula und alle Menschen, die mich bis hierher begleitet, mich bestärkt und mir immer wieder Mut gemacht haben. Ich bin Euch allen unendlich dankbar.

Bibliografische Information der Deutschen Nationalbibliothek: Die Deutsche Nationalbibliothek verzeichnet diese Publikation in der Deutschen Nationalbibliografie; detaillierte bibliografische Daten sind im Internet über http://dnb.dnb.de abrufbar.

© 2016 Name des Autors/Rechteinhabers **Evelyn Kühne**

Herstellung und Verlag: BoD – Books on Demand, Norderstedt

ISBN: **978-3-743139459**

Stell dir vor, du willst morgens aufstehen – doch es fällt dir unendlich schwer.

Stell dir vor, du gehst spazieren, kannst aber plötzlich vor lauter Erschöpfung nicht mehr weiter - nicht mehr einen Schritt.

Stell dir vor, du liest ein Buch, einen Satz, immer und immer wieder – doch du begreifst ihn nicht. In deinem Kopf ist nur noch Leere.

Stell dir vor, du fühlst dich fast jeden Tag, als ob eine schwere Grippe vor der Tür steht und du willst nur noch ins Bett, einfach deine Ruhe haben, liegen bleiben.

Stell dir vor, dieser Zustand geht nicht mehr vorbei, nie mehr. Er wird dich dein ganzes restliches Leben begleiten.

Du kannst es dir nicht vorstellen?

1.Kapitel

Etwas verkrampft saß ich im Wartezimmer meiner neuen Frauenärztin. Wie immer herrschte eine angespannte Atmosphäre, egal bei welchem Gynäkologen ich war, spürte ich das immer wieder. Zwar gab es Frauen, die miteinander plauderten, doch die meisten schwiegen und waren mit sich selbst beschäftigt. An den Wänden hingen nichtssagende Landschaftsaquarelle und die Broschüren auf dem Tisch, stärkten mein Unwohlsein eher noch. Da schaute ich dann doch lieber zum Fenster hinaus, der Blick ging in einen Hinterhof, das war also auch nichts. Ich war nervös, nervöser als sonst, denn heute war ich zum ersten Mal hier, wie würde die neue Ärztin wohl sein.
Und noch etwas war in meinem Hinterkopf, ich wusste dass etwas mit meinem Körper nicht stimmt. Vor einigen Monaten hatte ich in meiner Brust eine Verhärtung entdeckt. Ich war gerade beim Duschen und fuhr mit den Fingern darüber und da ertastete ich es. Etwas, was dort ganz einfach nicht hingehörte, so wie ein Knubbel. Immer und immer wieder fuhr ich mit den Fingern darüber, doch die Verhärtung blieb wo sie war. Für mich war es ein Déjà-vus, ich fühlte mich wieder in eine Zeit vor vielen Jahren zurückversetzt.

Damals war ich 18, abends beim Waschen spürte ich plötzlich etwas, da war ein Knoten. Auf einmal war er da, er ließ sich hin- und herschieben, verschwand aber nicht. Gleich am nächsten Tag ging ich zum Arzt, der schickte mich weiter zur Mammographie, die aber bei meinem festen jungen Brustgewebe nicht möglich war. Die Aufnahmen zeigten keine eindeutigen Bilder. Also wurde gleich operiert um festzustellen ob gut- oder bösartig, eine andere Alternative gab es letzten Endes nicht. Ambulant, das bedeutete früh kommen und danach wieder nach Hause zu dürfen. In der DDR wurden Operationen dieser Art immer so ausgeführt, belehrte man mich und ich dachte mir nichts dabei. Die ganze OP lief unglaublich ab, es ging mir furchtbar und ich muss auch furchtbar ausgesehen haben, zumindest sah ich das Erschrecken im Gesicht meines Freundes ganz deutlich. Gleich nach dem Erwachen, wurde ich nach draußen auf den Gang verfrachtet und lag auf einer Pritsche, zwischen anderen Wartenden. Man brauchte den Aufwachraum für den nächsten Patienten. Später, wollte und wollte die Wunde nicht heilen und die entstandene Narbe sah alles andere als diskret aus. Ich litt unter ziemlichen Schmerzen, die nur langsam abklangen. Alles ganz normal, erklärten mir die Ärzte ständig. Später sollte ich erfahren, dass die Heilung nicht optimal verlaufen war, doch damals nahm ich alles hin. Und dann, nach quälend langen 3 Wochen, kam endlich ein Lichtblick, nämlich der Befund – der Tumor war gutartig. Der Rest war mir eigentlich egal, ich war gesund.

Und dann, nach so vielen Jahren, die gleiche Geschichte. Wieder ging ich gleich zu meiner Ärztin, ich wohnte damals noch in der Nähe von Dresden. Sie beruhigte mich, die Verhärtung hing ganz sicher mit der alten OP zusammen, irgendwelche Veränderungen im Narbenbereich. Eine Mammographie war nicht nötig, im Gegenteil sogar völlig überzogen. Ich muss sagen, ich fand die Erklärung oberflächlich beruhigend, ich fand sie irgendwie erleichternd oder praktisch, aber irgendwo tief drinnen in mir gab es einen Punkt, der skeptisch war, der ihren Worten nicht glaubte. Dennoch vertraute ich ihr, ich unternahm nichts, holte mir keine zweite Meinung ein. Warum – ich kann es nicht sagen, vielleicht wollte ich gar nicht wissen, was ich da eigentlich in mir trug. Der kleine Knubbel aber blieb, hartnäckig. Beim Duschen fiel er mir immer mal wieder auf, er erinnerte mich, vielleicht mahnte er mich sogar ein wenig. Ich sprach mit niemandem darüber, nicht mit meinem damaligen Mann und nicht mit meiner Tochter, ich behielt es einfach für mich.

Und nun 1 Jahr später, ich war vor kurzem zu meinem neuen Lebensgefährten gezogen, hatte ich mir eine neue Ärztin gesucht, hier vor Ort, in meiner neuen Heimat. Es stand die alljährliche Kontrolluntersuchung an. Die Ärztin entpuppte sich als eine sehr sympathische bodenständige Frau. Sie führte mit mir ein kurzes Vorgespräch und ließ sich meine Geschichte schildern.
Anfangs war alles okay, vaginale Untersuchung - gut, Krebsabstrich – naja, da wusste man nie was rauskommt. Dann sagte sie die Worte, die mich in Panik versetzten: „So, nun würde ich am Schluss noch einmal die Brust untersuchen." Mein Herz schlug

bis zum Hals, ich streifte das T-Shirt nach oben, legte den BH ab und stellte mich mit nacktem Oberkörper hin. Zuerst die eine Brust und dann die andere. Die Ärztin betrachtete meine Narbe und fragte noch einmal nach der Vorgeschichte. Sanft strich sie darüber und begann abzutasten. Ängstlich sah ich in ihr Gesicht, ich sah die Stirnfalten kommen und wieder gehen. Ich bemerkte, dass sie immer wieder über die gleiche Stelle tastete, eine Stelle, die mir wohl bekannt war.

„Gut, ziehen Sie sich wieder an." Gottseidank, Erleichterung machte sich in mir breit. Anscheinend sah sie die Sache ähnlich undramatisch, wie die andere Frauenärztin. Sie setzte sich an ihren Schreibtisch und ließ mich dann Platz nehmen. Sie schrieb und schrieb und nahm dann schließlich aus dem Schubkasten ein gelbes Überweisungsformular. „Ich würde Sie gern mal zur Mammographie schicken, in ihrer operierten Brust, ist eine Veränderung. Das klären wir mal lieber ab. Haben Sie die Verhärtung nicht schon selbst bemerkt?"

Mit einem Ruck sah sie mich an, schaute mir ernst in die Augen. Ich holte Luft, „Ja, ich hab es bemerkt, aber meine alte Ärztin meinte, es würde mit der damaligen Geschichte zusammenhängen." Ich merkte selbst, wie lahm diese Erklärung plötzlich klang und doch hatte sie es genauso gesagt und ich hatte mich darauf verlassen.

Mein Gegenüber schüttelte den Kopf. „Hm, das wäre möglich, natürlich könnte es genauso sein, aber wie gesagt, wir klären das mal lieber ab. Dann haben wir Gewissheit, sie sind beruhigt und alles ist gut."

Mit dem gelben Schein in der Hand verließ ich die Praxis, nichts war gut. Zu Hause musste ich mich erst einmal setzen. Das Unwohlsein in mir hatte sich wieder verstärkt. Sofort waren die alten Ängste da, ich war in die Zeit von damals zurückversetzt, die lange Dauer des Wartens, bis endlich der positive Befund gekommen war, die Probleme mit der Wundheilung, die Schmerzen. Am Abend kam mein Lebensgefährte Torsten nach Hause. Wir kannten uns noch nicht lange, genauer gesagt, eigentlich erst seit drei Monaten. Ich war vor einem Jahren 40 geworden und an einem Punkt in meinem Leben angekommen, wo ich vieles in Frage stellte, meine Lebensziele überprüfte. Nach fast 23 Jahren, hatte ich mich schließlich von meinem Mann getrennt.

Vorher war ich ins Internet gegangen und meldete mich auf einem dieser Kennenlern-Neue Liebe-Portale an. Meinen ganzen Mut hatte ich dafür gebraucht, aber ich wollte noch einmal mein Glück finden. Einen neuen Partner kennenlernen – einfacher gesagt wie getan. Eine Zuschrift gefiel mir, sogar sehr. Wir hatten uns schließlich verabredet, wollten zusammen ins Kino gehen. Und dann stand er vor mir – Torsten und ich wusste vom ersten Augenblick an, er ist es.
Ich hatte eine neue Liebe gefunden, war überglücklich und nun das. Wir wollten das Gleiche im Leben, verstanden uns blind, ohne große Worte. Er machte mir Mut und nahm mich einfach in den Arm, „Wir machen uns nicht verrückt. Wir lassen es testen und dann sehen wir weiter. Ganz sicher ist alles gut. Du weißt doch, wir beiden sind Glückskinder, hätten wir uns sonst gefunden?" Das klang vernünftig, doch mir war einfach nur jämmerlich zu Mute. Was, wenn ich doch etwas Ernsthaftes hatte, würde er zu mir halten? Wie viele Männer ließen ihre Frauen sitzen, weil sie mit so einer Krankheit nicht umgehen konnten. Es wäre auf jeden Fall ein schwerer Start für uns beide.
Gleich am nächsten Tag setzte ich mich ans Telefon und machte mich auf die Suche nach einem Termin. Das gestaltete sich schwieriger als ich gedacht hatte. Die Wartezeiten erschreckten mich, teilweise drei Monate und länger, das hielt ich nervlich nicht aus. Jetzt wollte ich möglichst schnell Gewissheit haben. In einer Praxis, ganz in der Nähe meiner Arbeitsstelle, hatte ich schließlich Glück, eine Patientin war krank geworden, schon nächste Woche konnte ich kommen.
Am Nachmittag hatte ich einen Außer-Haus-Termin. Ich arbeitete im Büro einer Bestattung, eine Arbeit, die mir riesengroßen Spaß machte. Jeder zuckte zurück, wenn ich sagte, was ich machte, doch mich bestärkten die Anerkennung und das Lob der Angehörigen jeden Tag aufs Neue. Wenn die Menschen hinterher zu mir kamen und sich für meine Arbeit bedankten, das war eine tolle Bestätigung. Wenn die Urne schön geschmückt war, die Musik gut passte und die Rede nicht nur Tränen, sondern auch schöne Erinnerungen hervorholten – was gab es Schöneres.

2. Kapitel

Ich arbeitete hier seit etwa zwei Jahren. Vorher war ich selbstständig, ich hatte ein eigenes Geschäft und verkaufte Erzgebirgische Sachen, also Pyramiden und Räuchermänner. Ich liebte diese Dinge einfach und dieser Laden war mein Baby. Wie sehr hatte ich ihn mir gewünscht und nun war mein Traum in Erfüllung gegangen. Das Konzept stimmte, die Leute kamen gern, auch von weiter her und immer wieder. Doch der Sommer war lang und die Weihnachtszeit so furchtbar kurz. Irgendwann ging es nicht mehr, eine Baustelle vor meinem Laden, gab mir den Rest. Die finanzielle Situation war verheerend, jeden Monat steckten wir Geld rein und doch reichte es nicht. Wir rechneten alles durch, hoch und runter – es gab keine Lösung. Mein damaliger Mann unterstützte mich so gut es ging, aber jetzt war Schluss, es musste einfach Schluss sein. Ich heulte, war verzweifelt, ich wollte nicht aufgeben, ich war doch eine Kämpferin. Und tat es dann doch, ich setzte mich hin, kündigte meinen Mietvertrag und schlief zum ersten Mal seit Monaten wieder eine ganze Nacht durch. Da war Sommer, ich machte einen allmählichen Ausverkauf, senkte langsam die Preise und am 31. Dezember war es vorbei. Der Laden war leer, die Regale weg, die Ware verkauft. Noch einmal drehte ich eine Runde durch die leeren Räume und verabschiedete mich. Die Vermieterin kam zur Übergabe und ich überreichte meine Schlüssel. Wie hatte mir vor diesem Moment gegraut, doch ich drehte mich nur um und ging, es war ganz leicht. Ich war einfach befreit und mir sicher, es war die richtige Entscheidung gewesen.

Nun musste ich mir also wieder eine Arbeit suchen. Ich schaute in der Zeitung und im Internet. Die Suche war schwerer als anfangs gedacht. Niemand wollte jemanden einstellen, der selbständig gewesen war. Man befürchtete vermutlich, dass ich mich nicht unterordnen könne. Und dort im Internet, war mir dann doch die Stellenanzeige einer Bestattung aufgefallen, sie sprang mir geradezu ins Auge. Dennoch traute ich mir die Arbeit anfangs nicht zu. Ich sensible, die bei jedem Film in Tränen ausbrach oder bei

berührenden Liedern feuchte Augen bekam. Wie sollte ich mit Trauernden umgehen, mit Leichen – unvorstellbar.
Trotzdem rief ich an und durfte zum Vorstellungsgespräch vorbeikommen. Aufgeregt fuhr ich hin, mir war furchtbar schlecht. Das Gespräch war sehr nett, wir fanden gleich die richtige Wellenlänge und schließlich sprach ich über meine Ängste und Befürchtungen. Der Inhaber sah das ganz pragmatisch, er vereinbarte mit mir eine Probearbeitswoche, während der ich in meinen neuen Job reinschnuppern sollte. Am Ende würden wir uns zusammensetzen und entscheiden ob Ja oder Nein.
Und so stand ich aufgeregt am Montag in der Bestattung, in meinem dunklen Hosenanzug und durfte mit einem der Mitarbeiter gleich erst einmal zwei Tote in der Pathologie des Krankenhauses abholen, das würde sozusagen mein Einstand sein. Mein Kollege war ein jüngerer sehr lustiger Mann, wir verstanden uns auf Anhieb. Wir hatten denselben Humor und er führte mich einfühlsam an die Materie heran. Im Keller standen wir schließlich vor einer Bahre, der Tote war mit einem Tuch abgedeckt und ich hielt den Atem an.
„Angst?", fragend sah er mich an und ich nickte.
„Der erste richtige Tote?", wieder nickte ich.
„Okay, pass auf, ich guck drunter und wenn der Anblick in Ordnung ist, dann schaust du. Wenn nicht, wir haben ja noch einen."
Mit der Hand wies er zu der zweiten Bahre, die genau daneben stand.
Ich nickte, er schlug das Laken zurück und ich sah meinen ersten Toten. Er lag friedlich da, es war ein alter Mann. Wäre die Blässe und die etwas ungewöhnliche Färbung der Haut nicht gewesen, würde man denken, er schlief einfach nur.
Wir packten ihn in den Abholsarg und brachten ihn mit dem Fahrstuhl nach oben. Am Nachmittag durfte ich eine ältere Frau für eine Abschiednahme mit vorbereiten. Wir zogen ihr die abgegebenen Kleider an und zum Schluss kämmte ich ihr noch die Haare. Mit gefalteten Händen und entspannten Gesichtszügen lag sie da. Dann kam ihre Familie, schweigend standen sie am Sarg. Jeder verabschiedete sich auf seine Art. Hinterher drückte mir die Tochter meine Hand. „Ich danke ihnen, meine Mutter sieht so friedlich aus. Das haben sie schön gemacht." Dieser Dank berührte mich sehr, ich freute mich und merkte, wie viel Spaß mir dieser Tag trotz allem gemacht hatte. In der Nacht wartete ich

darauf, von Toten zu träumen. Doch es geschah nichts, auch nicht in den anderen Nächten und am Ende der Woche hatte ich den Job. Da war ich dann schon mit auf Trauerfeiern gewesen, hatte Beratungsgesprächen gelauscht und den ganzen Behördenkram kennengelernt. Das war genau mein Ding, ich hatte mit Menschen zu tun, ich konnte helfen und ein kleinwenig verkaufen.

Natürlich starben nicht nur alte Leute, auch Kinder, dies ging mir schon sehr nahe, doch ich versuchte professionell zu sein und den Trauernden mit Rat und Tat zur Seite zu stehen. Ich hatte das Gefühl, dass die ständige Konfrontation mit dem Tod, meine Sichtweise auf das Leben veränderte.

Und so vergingen die Monate, ein Trauerfall folgte auf den nächsten. Ich stellte Blumenschmuck und Musik zusammen, gab Ratschläge für den richtigen Sarg oder die passende Urne, gestaltete Traueranzeigen, wählte Redner aus und ging sooft es möglich war mit zur Trauerfeier auf den Friedhof. Für die Hinterbliebenen war es leichter, ein vertrautes Gesicht an diesem schweren Tag zu sehen. Mittlerweile hatte sich eine gewisse Routine eingestellt. In meine neue Aufgabe, hatte ich mich schnell und souverän eingearbeitet. Das war eine meiner Stärken, man erklärte mir gewisse Dinge und sehr schnell beherrschte ich sie, als hätte ich noch nie etwas anderes gemacht.

Doch plötzlich änderte sich alles. In kurzer Abfolge hatte ich drei Sterbefälle von Frauen, alle in meinem Alter. Alle litten an der gleichen Krankheit, sie hatten Krebs gehabt und waren daran gestorben. Das war an sich nichts ungewöhnliches, doch diesmal war alles irgendwie anders.

Die Angehörigen saßen vor meinem Schreibtisch und schilderten mir mehr oder weniger sachlich ihre Wünsche. Ich war unkonzentriert, betroffen, irgendwie berührter wie die Betroffenen selbst. Bei den Trauerfeiern saß ich oben auf der Empore und spielte die sorgfältig ausgesuchten Musikstücke ab. Ich lauschte den Reden, ich betrachtete die Toten im Sarg oder sah die Bilder, die neben der Urne standen. Alles war so wie immer, eigentlich. Und doch bekam ich diesmal diese Bilder einfach nicht mehr aus meinem Kopf.

Besonders der letzte Trauerfall, blieb mir in Erinnerung und das bis heute. Die Frau war an Brustkrebs gestorben. Ihr Mann und

die beiden Töchter wünschten, dass die Tote in einem bunten Sommerkleid beerdigt werden sollte, es war ihr Lieblingskleid. Sie hatten sich vorher zusammen mit der Verstorbenen viele Gedanken gemacht. Um ihren Kopf wickelten wir ein passendes Tuch und die nahen Angehörigen legten letzte Abschiedsgrüße in den Sarg. Ein selbst gemaltes Bild, ein besonders schöner Stein, eine Muschel vom letzten Urlaub. Lange stand ich da und schaute die Frau an. Sie war mir unbekannt und doch fragte ich mich, wie wohl ihr Leben gewesen war. Vor kurzem hatte sie noch gelacht, hatte sich um ihre Kinder gekümmert, ihren Mann geküsst. Ich verstand selbst nicht, warum es mich so beschäftigte.
Dann kam die Trauerfeier. Die ältere Tochter hatte darauf bestanden die Rede für ihre Mutter zu halten. Egal was ich sagte, sie ließ sich davon nicht abbringen. Sie war genauso alt, wie meine Tochter. Ihre jüngere Schwester spielte dazu auf der Geige, die beiden Kinder gestalteten sozusagen die Trauerfeier. Das Mädchen erzählte von ihrer Mutti, wie gerne sie gekocht und wie sehr sie das Bügeln gehasst hatte. Wie viele Pläne sie noch in sich trug. Es war das Emotionalste was ich jemals erlebt hatte. Ich saß allein dort oben und heulte, hinterher war ich nicht mal in der Lage, den Gang zum Grab mit anzutreten. Ich schlich mich nach draußen und in mein Büro. Dort ging ich an meine stillen Reserven und rauchte eine Zigarette. Dies tat ich vielleicht einmal im Jahr, aber heute musste es einfach sein.
Selbst am Abend ging es mir nicht besser. In dieser Nacht träumte ich von einem Sarg. Vor dem Altar war er aufgebahrt. Ich öffnete die Tür und kam langsam näher. Die Stuhlreihen waren leer, außer mir war niemand im Raum. Meine Schritte hallten durch die leere Kirche. Ich trat heran, blickte hinein und sah mich im Sarg liegen. Ich trug eines meiner Kleider und um meinen Kopf war ein Tuch geschlungen. Schweißgebadet wachte ich auf.
Am nächsten Tag ging alles seinen gewohnten Gang, aber das Erlebte steckte mir in den Knochen. Ich versuchte mit meinem Chef darüber zu sprechen, doch er verstand meine Gefühle nicht. Auch mein Kollege war ratlos und meinte, dieser Zustand würde auf jeden Fall wieder vorbeigehen, ganz sicher sogar.
In den nächsten Wochen musste ich immer wieder an diese Frau denken. Ich besuchte einmal sogar ihr Grab und legte Blumen darauf. Auf dem Holzkreuz stand ihr Name und darunter Geburts- und Sterbedatum, schlichte Buchstaben und Zahlen – doch

sie standen für einen Menschen. Warum ich mich ihr so nah fühlte, obwohl ich sie nie lebend gekannt hatte, ich verstand es einfach nicht.
Es war einer meiner letzten Sterbefälle, die ich begleiten durfte. Aber das wusste ich damals natürlich noch nicht.

3.Kapitel

Der Tag der Mammographie war gekommen. Ich fuhr nach Feierabend mit dem Auto hin. Torsten hatte mir am Morgen Glück gewünscht, mich in den Arm genommen und gesagt: „Wir sind Glückskinder, denk immer daran, was soll uns schon geschehen." Den ganzen Tag konnte ich an nichts anderes denken, vor lauter Verzweiflung hatte ich eine ganze Tafel Schokolade verdrückt. Das half immer, aber heute leider nicht. Mit flatternden Nerven suchte ich vor dem großen Ärztehaus eine Parklücke. Im Inneren irrte ich kurz umher, ehe ich die Radiologie schließlich im Kellergeschoß entdeckte. Als ich die Stufen zur Praxis hinabstieg, war ich plötzlich ganz ruhig. In mir war eine Gewissheit, ich wusste, ich habe etwas und ich wusste, dass es schlimm war. Aber ein winziger Funken Hoffnung, das alles gut werden würde, war trotzdem noch da.
Das Wartezimmer war gut gefüllt, doch kaum hatte ich Platz genommen, rief mich eine Stimme auf. Finstere Blicke der anderen Patienten folgten mir, als ich in den Untersuchungsraum ging. Beim Anblick der Schwester musste ich lächeln. „Mensch, das gibt`s nicht.", sagte sie, „Sie haben doch meine Oma beerdigt. Noch heute reden wir von der schönen Feier." Unser belangloses Gespräch nahm mir ein wenig die Angst. Wir plauderten einfach nur so drauflos. Aus dem Augenwinkel sah ich, dass sie die Diagnose auf dem Überweisungsschein aufmerksam und mit leichten Stirnfalten las.
Ich entkleidete mich und trat vor den Röntgenapparat. Sie drapierte meine Brust zwischen den Platten, dann noch einmal in einer anderen Stellung und schließlich nur zur Sicherheit noch die andere Seite. Es tat weh, sogar ziemlich weh und ich war froh, als es endlich vorbei war.
Dann war ich schon entlassen und durfte draußen auf den Befund warten. Ich saß auf einem Plastikstuhl zwischen anderen Patienten, zwischen lärmenden Kindern. Der Boden der Praxis war aus einem robusten pflegeleichten Material, er war rötlich, Linoleum, noch heute sehe ich ihn genau vor mir. In meinen Ohren rauschte es und ich konnte nicht klar denken. Bitte lieber Gott, dachte ich, lass alles gut werden.

Nach einer ganzen Weile, kam die Schwester mit einem großen Pappumschlag den Gang entlang. Sie schaute nach unten, sie konnte mich nicht ansehen und da wusste ich es ganz genau. Das, was ich schon lange geahnt und befürchtet hatte, jetzt wurde es wahr.
Wie in Trance erhob ich mich, als der Arzt mich aufrief. In seinem Zimmer setzte ich mich auf den Stuhl vor seinen Schreibtisch. Er holte tief Luft. Den Anfang verstand ich nicht, ich verstand eigentlich nur eines. „Wir haben da einen Tumor in ihrer Brust gefunden, er ist ziemlich groß, könnte auch aggressiv sein. Jetzt ist schnelles Handeln gefragt." Der Rest ging unter, in meinen Ohren war Watte. Er zeigte auf eine Röntgenaufnahme, da war ein heller Klecks, mehr nicht.
Dann herrschte Stille, anscheinend hatte der Arzt mich etwas gefragt, denn er schaute mich erwartungsvoll an. „Haben Sie mich verstanden, haben Sie Fragen?"
„Ähm, ich, ich", stotterte ich. „Kann er denn nicht auch gutartig sein, ich hatte ja schon einmal einen gutartigen Tumor."
Er blickte auf die Befunde, „Ich will ehrlich sein, ich glaube nicht, dass der Tumor gutartig ist. So wie er aussieht, wie er gewachsen ist. Nein, ich denke, er ist bösartig. Aber den endgültigen Befund, bekommen sie natürlich erst durch andere Untersuchungen."
Ein paar Minuten später war ich entlassen und saß wieder draußen im Wartebereich. Ich musste noch auf einen Befundbericht für meinen Arzt warten. Alles war wie vorher, Patienten warteten, Kinder spielten mit Bausteinen. Ich saß wie erstarrt und versuchte die aufsteigenden Tränen zurückzuhalten. Bloß nicht hier heulen, vor all den Leuten. Krampfhaft klemmte ich meine zitternden Hände zwischen die Knie. Neben mir saß ein älterer Mann, er schaute mich prüfend an und schien meine Verzweiflung zu spüren. „Es geht immer weiter im Leben, auch wenn man sich das erstmal nicht vorstellen kann."
Ich konnte nichts sagen, nicht mal nicken. Der konnte ja auch gut reden, aber ich, ich hatte Krebs. Dann bekam ich meinen Umschlag überreicht und durfte gehen.

Draußen vor der Praxis zwitscherten die Vögel, wie konnte das sein? Ich kam mir vor, als hätte ich gerade mein Todesurteil erhalten. Im Auto brachen alle Dämme. Ich nahm mein Handy und

rief Torsten an, er war gerade auf Arbeit, hatte Spätschicht und würde erst spät abends nach Hause kommen können.
Viel konnte ich nicht sagen, nur eines, „Jetzt hat uns das Glück verlassen." Mehr brachte ich nicht heraus, ein Kloß schnürte mir die Kehle zu.
„Ich suche eine Vertretung, dann komme ich nach Hause, so schnell es geht." Ich spürte seine Erschütterung.
Dann wählte ich die Nummer meines Chefs und teilte ihm unter Schluchzen die Diagnose mit, die ich gerade bekommen hatte. Ich weiß nicht mehr, was ich genau gesagt habe. Erst schien er mich gar nicht zu verstehen, dann reagierte er ungehalten, weil ich sagte, ich könne morgen nicht auf Arbeit kommen und auch die nächste Zeit nicht. Wie lange ich denn da ausfiele, war seine nächste Frage. Da legte ich auf, ich konnte einfach nichts mehr sagen. Ob er mich überhaupt verstanden hatte, konnte ich nicht sagen, wusste ich doch selbst nicht, wie es weitergehen würde.
Ich machte mich auf den Heimweg und der war lang. Über eine Stunde Autofahrt lag vor mir. Anfangs durch den dichten Stadtverkehr und dann später über die Autobahn. Wie ich diese Strecke geschafft habe, weiß ich bis heute nicht. Ich heulte die ganze Zeit, ich schluchzte, ich schrie. Teilweise waren meine Augen so von Tränen verschleiert, dass ich die Ampel kaum erkennen konnte. Warum ich, warum gerade jetzt – das waren meine Gedanken. Sie kamen mir später nie wieder. Waren es doch sinnlose Gedanken, denn wann würde die Krankheit einem denn in den Kram passen und wen, sollte es an meiner statt treffen. Doch heute beherrschten sie alles. Meine neue Liebe, würde sie zu mir halten, würde sie an meiner Seite stehen? Meine Tochter, sie war achtzehn, würde ich sie heiraten sehen, Enkelkinder auf meinem Schoß wiegen oder war ich da schon tief unten in der kalten Erde. Eine Brücke auf der Autobahn kam in Sicht, mit dem dazugehörigen Pfeiler. Wenn ich jetzt ein wenig nach rechts lenkte …mit einem Knall wäre alles vorbei. Die Krankheit, die Ängste, mein ganzes Leben. Doch ich fuhr geradeaus und kam irgendwann in meinem Zuhause an. Niemand war da, ich war allein und wanderte heulend durch die leeren Räume. Kurze Zeit später kam Torsten nach Hause. Er nahm mich einfach nur in den Arm und immer noch heulte ich, so sehr habe ich nie wieder geweint. Doch irgendwann versiegte der Tränenstrom. Wir kuschelten uns eng aneinander und so schlief ich schließlich ein.

Am nächsten Morgen fuhren wir gleich zu meiner Frauenärztin. Wir warteten nicht einmal fünf Minuten, dann kamen wir dran. Sie las den Bericht, betrachtete die Fotos und beruhigte mich ein wenig. „Anhand dieser Fotos kann man gar nichts sagen. Auch nicht, dass dieser Tumor zwingend bösartig ist. Wir machen einen Termin im Krankenhaus und dort werden weitere Untersuchungen gemacht. Versuchen Sie, sich nicht zu viele Gedanken zu machen."
Ich nickte, in zwei Tagen sollte ich ins Krankenhaus zu einem Gespräch und ersten Untersuchungen kommen. Zwei Tage, das war eine lange Zeit.
Wir fuhren nach Hause, was sollten wir tun, einfach so dasitzen, warten? Das konnte ich nicht, also packten wir unsere Körbe und fuhren in die Pilze. Unser Auto stellten wir an den Straßenrand und dann liefen wir durch den Wald, sammelten Pilze, lauschten dem Zwitschern der Vögel und atmeten die gesunde Luft ein. Ich weiß noch, es war ein herrlicher Frühherbsttag. Über uns wiegten sich die Bäume im Wind, ein Eichhörnchen huschte vor mir durchs Unterholz, die Sonne schimmerte durch die Zweige. Und hier, in dieser friedlichen Stimmung, fasste ich einen Entschluss. Dieses Ding in meiner Brust würde mich nicht kleinkriegen, niemals. Ich würde diesen Scheißkerl bekämpfen, mit all meiner Kraft. Ich wollte jetzt noch nicht sterben, auf keinen Fall. Ich wollte leben, so viele Pläne hatte ich noch. Ich wollte andere Länder bereisen, ich wollte an die Ostsee fahren, ich wollte Enkelkinder haben und mit dem Mann an meiner Seite alt werden.
Irgendwann waren unsere Körbe gefüllt und wir fuhren heim. Ich kochte Mittagessen, so wie immer. Es war lecker und wir aßen, bis uns der Bauch wehtat. Dann legten wir uns hin, liebten uns und machten Mittagsschlaf. Langsam lockerte sich die Verspannung in meinem Körper. Der fette Knoten aus Angst in meinem Bauch wurde kleiner.
Später ging ich zum Briefkasten, ein Brief von meinem Arbeitgeber steckte in ihm. Mit ungutem Gefühl, machte ich ihn auf – es war meine Kündigung, aus betriebswirtschaftlichen Gründen. Ich dachte, es zog mir den Boden unter den Füssen weg. Immer und immer wieder las ich die wenigen Zeilen. Fassungslos rief ich meinen Chef an, der mir irgendetwas erklären wollte. Doch ich schrie, hörte gar nicht hin, war unsachlich, ich merkte das und

konnte doch nicht anders sein. Zu tief traf mich die Enttäuschung, wie hatte ich mich engagiert, Überstunden geleistet, das Büro geschmissen, nie hatte es ein Wort der Klage gegeben und nun das. Gleich am nächsten Tag wollte ich in die Bestattung fahren, um meine persönlichen Sachen aus dem Büro zu holen. Wir verabredeten uns, mein Chef und ich, doch ich konnte ihn nicht sehen, wollte nicht mit ihm sprechen, seine lahmen Erklärungen anhören. So war ich eine Stunde vorher da, packte meine persönlichen Dinge zusammen, drehte noch eine Runde, legte den Schlüssel auf den Schreibtisch und zog die Tür hinter mir zu. Ich wusste mein Verhalten war nicht richtig, doch ich konnte nicht anders. Das war`s, wieder war ein Abschnitt vorbei.

Der Tag der Untersuchung war gekommen, zusammen waren wir in die Klinik gefahren, zur gynäkologischen Station. Torsten hatte sich frei genommen und war an meiner Seite. Wir saßen in einem kahlen Wartezimmer und ich weiß noch, das auf dem Tisch Zeitschriften zum Thema Krebs lagen. Eine Frau mit einer Glatze war darauf, die fröhlich in die Kamera lächelte. Das fand ich völlig irreal, wie konnte man so lachen, mit dieser Krankheit. Ich wollte es nicht sehen und versuchte krampfhaft woanders hinzuschauen. Wir hielten uns an den Händen und ich bemühte mich, meine Angst einigermaßen niederzukämpfen.
Eine Schwester rief mich schließlich auf und brachte mich in ein nüchternes Zimmer. Sie notierte meine persönlichen Angaben und führte diverse Voruntersuchungen durch. Mein Blutdruck war auf Anschlag, noch nie hatte ich solche Werte gehabt. Doch durch ihre routinemäßigen Fragen, wurde ich schließlich etwas ruhiger. Ihre Art war liebevoll und sehr einfühlsam, noch heute denke ich gerne an Schwester Elke zurück. Dann ging es in den nächsten Raum, er war leer, doch kurze Zeit später öffnete sich die Tür und ein junger Arzt kam herein. Für meinen Geschmack war er etwas zu jung. Seine Haare waren nach hinten gegelt und an den Füssen trug er rote Schuhe. Er strahlte eine gewisse Arroganz aus und ich fand ihn ausgesprochen unsympathisch. Dann begrüßte er uns, öffnete die mitgebrachten Befunde und sah sich alles in Ruhe an.
„Okay, anhand der Befunde, kann man noch keine hundertprozentige Aussage machen. Ich würde vorschlagen, wir führen zeitnah eine Stanzbiopsie bei ihnen durch. Dabei entnehmen wir

Material direkt aus dem Tumor. Dann haben wir einen Befund und können weiter planen. Ich mache jetzt gleich noch einen Ultraschall und schaue mir die Sache mal an."
In aller Ruhe erläuterte er mir die Untersuchung, vor allem wie sie ablaufen würde. Danach hätten wir Gewissheit, vor allem wüssten wir, wie aggressiv der Tumor eventuell war. Bis jetzt hatte man ihn nur von den Röntgenaufnahmen her, als sehr aggressiv eingestuft. Doch darauf wollte der Arzt nichts geben. Auch sonst ließ er sich auf keine Prognosen ein. Schon am nächsten Tag sollte ich wiederkommen, dann würde man weitersehen.

Und so lief ich einen Tag später wieder den kleinen Hügel zum Krankenhaus empor. Ich wusste noch nicht, wie oft ich diesen Weg in nächster Zeit gehen würde. Jeder Stein würde mir später vertraut sein. Diesmal war ich allein, Torsten musste arbeiten, es war ihm nicht gelungen, eine Vertretung zu finden. Ich hatte ihn beruhigt, dies würde ich auch ohne seinen Beistand schaffen. Wieder führte man mich in das Zimmer, dann lag ich auf einer Pritsche. Ein junger Arzt war diesmal dabei, ein Student, interessiert sah er mich an, neugierig. Noch einmal machte der Arzt einen Ultraschall, betäubte dann meine Brust mit einer Spritze. Dann ging es los, ein lauter Knall ertönte und ein spitzer Gegenstand wurde in meine Brust geschossen, so würde ich es zumindest beschreiben. Ich bin nicht zimperlich, aber es tat extrem weh. Drei Versuche brauchte der Arzt, bis er die Geschwulst optimal getroffen hatte. Das war wichtig, um ein möglichst exaktes Befundergebnis zu bekommen. Ich bemerkte auf dem Bildschirm, dass der Tumor auswich, zumindest wirkte es auf mich so. Heute weiß ich, dass das Gewebe fester ist als das normale in der Brust und dadurch den Nadeln besser standhielt.
Es war Freitag, vor Dienstag war der Befund nicht da. Sollte er eher kommen, riefe er mich sofort an. Mittlerweile wurde mir der Arzt sympathischer, er ging ausgesprochen nett und einfühlsam mit mir um, strahlte eine große Ruhe aus. Von der anfänglich angenommenen Arroganz, war nichts mehr spürbar.
Somit lag ein langes Wochenende vor mir. Ich überlegte, wann sollte ich es meinen Eltern und meiner Tochter sagen. Noch wussten sie es nicht, doch solange ich nicht hundertprozentige Gewissheit hatte, wollte ich niemanden unnötig in Aufruhr versetzen.

Jetzt, so lange später, kann ich nicht mehr sagen, wie ich diese Tage verbracht habe, aber sie gingen letztendlich irgendwie vorbei. Ich versuchte mich mit belanglosen Dingen abzulenken, was mir mehr oder weniger gut gelang.

4. Kapitel

Es war Dienstag geworden, gestern war kein Anruf gekommen. Ich hatte mich kaum aus dem Haus getraut, nur um ja nichts zu verpassen. Mittlerweile saß ich wie auf Kohlen. War das ein gutes oder schlechtes Zeichen – ich wusste es nicht. Dann, endlich klingelte das Telefon und wir wurden in die Klinik bestellt. Beim Betreten des Zimmers wusste ich alles, es war so wie ich von Anfang an geahnt hatte, ich sah es an der Miene des Arztes.
Es war eindeutig Krebs, bösartig, erklärte mir der Arzt ruhig. Doch er hatte auch eine gute Nachricht, der Tumor war zwar relativ groß, nämlich 3cm, aber er war nicht so extrem aggressiv wie man befürchtet hatte, er wurde in die Klasse 2 eingestuft. Ich hatte also gute Chancen ihn zu besiegen. Meine Prognose sah überhaupt sehr positiv aus, ich war jung und ansonsten gesund. Trotzdem war ich erschüttert, mit 41 Jahren Krebs. Später sollte ich erfahren, wie viele noch jüngere Menschen, diese Krankheit bekamen und nicht nur Einzelfälle waren. Vor meinem inneren Auge tauchte die Frau im Sarg auf und ich dachte an meinen Traum. Hatte ich die Zukunft gesehen? Doch es würde nichts bringen, sich verrückt zu machen.
Der Arzt erklärte mir ganz genau, was man mit mir machen wollte. Er sagte mir, was alles auf mich zukommen würde, sämtliche Dinge, die geplant waren und nahm sich alle Zeit der Welt, wir sprachen fast zwei Stunden miteinander. Viele Dinge verstand ich nicht, es waren einfach zu viele. Manche Fragen stellte ich dreimal, doch er beantwortete sie geduldig, ohne die geringste Genervtheit. Er war so liebevoll und einfühlsam und ich fühlte mich von ihm verstanden. Noch heute bin ich ihm dafür so unendlich dankbar. Er schaffte es, die Ängste ein wenig kleiner zu machen.
Zu meinem Entsetzen plante er als erstes eine Chemotherapie, damit sollte der Tumor verkleinert werden. Ich aber wollte ihn loswerden, lieber heute als morgen. Ich protestierte gegen diesen Ablauf. Doch er wollte ihn verkleinern, um möglichst viel Brustgewebe erhalten zu können. Diese Frage hatte mich auch beschäftigt, würde man die Brust abnehmen müssen? Er legte sich

nicht fest, bestand aber auf der Chemo zu Beginn, dann die Operation und zum Schluss eine Bestrahlung. Ganz am Anfang sollte mir der Wächterlymphknoten entfernt werden, um zu sehen, ob auch er befallen war. In den nächsten Tagen würden sich weitere Untersuchungen und Gespräche anschließen. Also stimmte ich zu, ich würde dem Arzt vertrauen, das Mistding würde in mir verbleiben und mit ganz viel Chemie bekämpft werden. Ich hatte den Kampf sozusagen aufgenommen.
Ganz am Ende, als wir uns verabschiedeten, wandte sich Torsten noch einmal an den Arzt. „Ich habe nur eine Bitte an Sie. Ich liebe diese Frau über alles und ich bin so froh, sie gefunden zu haben. Endlich, nach so vielen Jahren. Bitte tun Sie alles, um sie wieder gesund zu machen. Was es auch ist. Auch wir tun alles, damit sie gesund wird, wir unterstützen sie. Aber machen Sie sie gesund."
An dieser Stelle musste ich weinen, so voller Liebe waren diese Worte formuliert. Und wir beide merkten, dass sie auch den Arzt berührten, der solche Situationen sicher nicht so häufig erlebte.
„Wissen Sie was, vielleicht sagen Sie eines Tages, es hatte auch Vorteile diese Krankheit bekommen zu haben. Viele Menschen ändern ihr Leben komplett, schlagen völlig neue Wege ein, Wege, die sie früher niemals gegangen wären. Ja nicht einmal ins Auge gefasst haben. Das könnte ich mir bei Ihnen gut vorstellen."
Noch heute muss ich immer wieder an diese Worte denken, weil sie sich einfach hundertprozentig bewahrheitet haben. Er drückte uns die Hand und wir verabschiedeten uns.
Draußen auf dem Gang wartete Schwester Elke, sie wusste das Untersuchungsergebnis schon und nahm mich einfach ohne ein Wort zu sagen, nur liebevoll in den Arm.
Nun gab es also endlich Gewissheit, komischerweise war ich nun mit einem Schlag ruhiger, ich wusste was man mit mir tun würde. Zwei schwere Aufgaben hatte ich aber noch vor mir, ich musste es meiner Familie sagen. Ich rief als Erstes meine Eltern an, wie sagt man so etwas, das hatte ich überlegt. Dafür gibt es keine feste Strategie, also sagte ich es geradeheraus. Sie waren fassungslos und geschockt, versuchten aber tapfer sich nicht so viel anmerken zu lassen und bauten mich so gut es ging auf. Im Endeffekt tröstete ich sie aber eher, wie sie mich.
Dann rief ich meinen Noch-Mann an und teilte ihm die Diagnose mit. Auch er war sehr betroffen. Wir hatten uns zwar nach so

vielen Jahren getrennt, waren aber im Guten auseinander gegangen. Dafür bin ich heute noch unendlich dankbar. Es ist schön, wenn man sich in die Augen schauen und sich die Hand geben kann. Ich wollte, dass er da ist, wenn ich es unserer Tochter sagte. Sie sollte danach nicht allein sein, falls sie jemanden brauchte, der sie einfach nur in den Arm nahm. Nach unserer Trennung war sie bei meinem Mann geblieben, da es für ihre Ausbildung einfach günstiger war und sie dort ihren Freundeskreis hatte. Trotzdem sahen wir uns oft und hatten ein sehr inniges Verhältnis zueinander.
Mein Kind war sehr tapfer, ich merkte ihre Angst förmlich durch den Hörer. Aber sie versuchte positiv zu sein, machte mir Mut, gab mir Kraft. Das war mir so unendlich wichtig. „Ich komm dich ganz oft besuchen, nach der Schule, da habe ich zeitig Schluss und dann komme ich mit dem Zug. Mutt, glaub mir, das schaffst du." Gleich ging es mir noch ein wenig besser, ich musste diese Krankheit nicht allein durchstehen.

In den nächsten Tagen rollte die Maschinerie an. Alles war durchgeplant, fast jeden Tag stand etwas anderes an. Ich hatte da Termine und dort Termine, sie rauschten irgendwie an mir vorbei. Unzählige Menschen tasteten meine Brust ab, sahen mich Mut machend oder besorgt an. Doch mein Kampfeswille war ungebrochen. Ich ließ alles über mich ergehen, mit ganz viel Ruhe. Wann immer es ging war Torsten an meiner Seite. Er war eine tolle Stütze, machte mir Mut, nahm mich in den Arm, wenn doch einmal die Verzweiflung nach oben schwappte.
Die erste Operation die auf mich zukam, war die Entfernung des Wächterlymphknotens. Er sollte untersucht werden, ob sich in ihm auch bereits Metastasen befanden. Vorher musste er in Dresden in der Uni-Klinik markiert werden. Die Prozedur war nicht schmerzhaft, aber langwierig.
Die OP war dann zwei Tage später und ich vertrug sie gut. Schon nach kurzer Zeit war ich putzmunter und durfte nach einer Nacht im Krankenhaus wieder nach Hause. Meine Zimmergenossin hatte Unterleibskrebs, sie war vor einigen Tagen operiert worden und es ging ihr ziemlich schlecht. Sie haderte pausenlos mit der Krankheit, schimpfte über alles. Jede Schwester wurde unsachlich behandelt und mit mir sprach sie schon gar nicht. Schließlich hatte ich mit meinem Tumor in der Brust keinen Plan, was sie

alles durchmachte. Ich will über sie nicht negativ urteilen, da jeder Mensch mit einer Krankheit anders umgeht. Aber genau dort nahm ich mir vor, eine andere Strategie für mich zu finden. Ich war sicher, so würde ich nicht gesund werden, es nicht schaffen. Der spätere Befund war positiv für mich, meine Lymphknoten waren nicht befallen. Also arbeitete mein Schutzengel im Himmel doch noch.
Dann untersuchte man meine Knochen und die inneren Organe, Lunge, Leber - auch dort war nichts feststellbar, keinerlei Metastasen waren zu entdecken. Wieder ein Schritt in die richtige Richtung. Meine positive Einstellung wuchs mehr und mehr.
Mein Lieblingsarzt bat uns zu einem letzten Gespräch. Dabei ging es um die Chemotherapie. Ausführlich klärte er mich über die Risiken und möglichen Schäden, auch die Langzeitschäden auf. Eigentlich wollte ich diese Dinge gar nicht hören, ich hätte am liebsten meine Ohren verschlossen, doch er bestand auf einer gründlichen Aufklärung. Ich sollte ganz genau wissen, was auf mich zukam. Seite um Seite legte er mir vor, machte Zeichnungen, erklärte mir alles ganz genau.
Zum ersten Mal wurde mir richtig bewusst, was ich da eigentlich eingeflößt bekommen würde. Die Nebenwirkungen nahmen kein Ende und dann kamen noch die möglichen Langzeitfolgen dazu. Und jetzt es ging mir doch gut, ich war voller Kraft, Elan und Zuversicht. Rückwirkend kann ich sagen, dass es die letzten Tage in meinem Leben waren, an denen ich mich richtig gesund und kraftvoll fühlte. Aber das wusste ich damals natürlich noch nicht. Wenn ich ehrlich war, hörte ich bei seinen Ausführungen irgendwann gar nicht mehr richtig hin. Zum Abschluss drückte er mir noch ein paar Broschüren in die Hand. Ich überflog sie zu Hause, auch einen dicken Ratgeber hatte ich mir gekauft.
Ich war in eine Buchhandlung gegangen und schaute mich nach Biografien von Frauen um, die diese Krankheit durchgemacht hatten. Es gab erstaunlicherweise sehr viel zu diesem Thema, früher war ich immer achtlos daran vorbeigegangen. Auch medizinische Abhandlungen standen daneben. Ich griff wahllos zu und nahm zwei Exemplare, deren Titel etwas optimistischer klangen mit. Darin las ich zum ersten Mal den Begriff Fatigue-Syndrom im Inhaltsverzeichnis, neben so vielen anderen Dingen. Ich blätterte oberflächlich weiter und verbannte die Hefte und Bücher schließlich im Schieber und dort sollten sie die nächsten

Monate auch bleiben. Ich würde einfach alles auf mich zukommen lassen und es nehmen, wie es kommt. Die vielen Begriffe, die schieren Möglichkeiten dessen, was einem während der Behandlung alles so geschehen konnte, dies verunsicherte mich. Denn ich kannte mich, ich würde in meinen Körper hineinhorchen und auf kleinste Warnsignale achten, nein, so sollte es nicht sein. Vermutlich würde auch jede Krankheitsgeschichte anders verlaufen und ich durfte mich mit anderen nicht vergleichen.

Dann war er da, der Tag, an dem ich wieder in die Klinik musste. Heute sollte mir ein Port gelegt werden, das war ein Zugang unter meiner Haut im Bereich des Schlüsselbeines, über den ich in den kommenden Monaten meine Chemotherapie bekommen sollte. Man schonte damit die Venen an den Armen. Es bestand die Möglichkeit, dass es durch die Chemo und ihre aggressive Wirkung, dort zu Problemen kommen könne. Dem wollte ich aus dem Weg gehen.
Morgens verabschiedete mich unser Kater Heinz, er schien zu ahnen, dass etwas mit Frauchen nicht stimmte. So verfolgte er mich durch alle Räume und saß während ich mir die Zähne putzte neben mir. Als wir mit unserem Auto davon fuhren, hockte er in der Einfahrt und sah uns hinterher.
Die Port-OP war, jetzt mit einigem Abstand gesehen, von allen meinen ganzen OP's die allerschlimmste. Nie wieder hatte ich so furchtbare Schmerzen, ging es mir so schlecht. Die Ärzte überprüften den Sitz, doch alles hatte seine Ordnung. Ich konnte meinen Arm nicht bewegen, mich nicht allein aufrichten, jede Bewegung tat mir unendlich weh. Selbst der Gang zur Toilette war eine einzige Tortur. Vermutlich hatte man einen Nerv verletzt oder den Muskel sehr unglücklich getroffen. Zum Glück hatte ich eine ausgesprochen lustige Zimmergenossin, wir halten noch heute Kontakt. Obwohl mir alles wehtat, lachten wir ohne Ende, also ich so mehr im Stillen. Mit Humor ließ sich alles viel leichter ertragen. Die Ärzte kamen verwundert in unser Zimmer, begrüßten die gute Stimmung aber außerordentlich. Für unsere Psyche und Genesung war dies vermutlich der allerbeste Weg, mit der Krankheit umzugehen.
Heike war schon ein Stück weiter wie ich, hinter ihr lag die Chemo und man hatte sie gerade an der Brust operiert, also den Tumor entfernt. Ihre Brüste waren nun von der Größe her sehr

unterschiedlich, aber sie empfand das als ihre ganz persönliche Note. „Gleiche, konnte schließlich jede haben", das waren ihre Worte.
Am Nachmittag kam Torsten, er war schon ein paar Stunden eher bei mir gewesen, doch ich hatte geschlafen. Also war er leise wieder gegangen. Ich muss so furchtbar ausgesehen haben, dass er voller Sorge draußen vor dem Krankenhaus umhergeschlichen war. Da ich mich immer noch so unendlich müde fühlte, ließ er mich schweren Herzens allein und fuhr nach Hause.
„Ich komme morgen wieder, du schaffst das.", immer machte er mir Mut.

Die Nacht war schrecklich, ich bekam ein Schmerzmittel und konnte dennoch nicht schlafen. Mir graute vor dem nächsten Tag, eigentlich hatte ich noch einmal Kraft sammeln wollen. Die Nachtschwester war ratlos, noch mehr konnte sie mir an Dosis nicht geben. Doch irgendwann war auch diese Nacht vorbei.
Dann am nächsten Tag war es soweit, ich würde meine erste Chemogabe bekommen. Am Morgen wurde ich noch einmal durchgecheckt, mein Herz wurde untersucht und noch einmal der Sitz des Portes überprüft. Die gesamte Ärzteschaft kam zur Visite vorbei und stand um mein Bett. Es wurde grünes Licht gegeben, die Behandlung konnte beginnen.
Dann kam die Schwester, stach mit der Nadel in meinen Port und schloss den Tropf an. Mein Herz flatterte, am Anfang gab es nur harmloses Kochsalz. Einen Liter flößte man mir ein. Dann kam der erste Beutel, er enthielt eine klare Flüssigkeit, die ausgesprochen harmlos aussah. Die Schwester verband ihn mit dem Tropf und langsam tropfte das Gift in meine Adern. Ich muss sagen, ich fühlte gar nichts, was hatte ich auch erwartet. Heike, im Nebenbett war heute etwas stiller, sie spürte meine Angst, sagte aber nichts. Vielleicht wurde sie auch an ihre erste Chemo erinnert.
Dann der nächste Beutel, wieder eine klare Flüssigkeit. Der letzte war schwarz und das Medikament darin rötlich, ähnlich wie Erdbeersaft, viele Jahre konnte ich ihn nicht mehr trinken. Wenn ich ihn sah, wurde mir schlagartig übel. Die Schwestern trugen dicke Handschuhe, um sich vor eventuellen Spritzern auf ihrer Haut zu schützen. Prima, das Zeug war schon auf der Haut aggressiv und ich bekam es in meinen Körper, in meine Venen.

Zum Abschluss gab es noch einmal Kochsalz. Dann war es vorbei, das war also mein Giftcocktail gewesen, den es ab sofort aller drei Wochen geben sollte. Ich war geschafft, aber es ging mir trotzdem erstaunlich gut. Die letzten Stunden saß Torsten an meinem Bett und leistete mir Gesellschaft. Da ich alles gut vertragen hatte, durfte ich gegen Abend nach Hause. Eine Schwester versorgte mich noch mit Tabletten gegen eventuelle Übelkeit. Ich war froh und drückte meine Heike zum Abschied.
Zu Hause deckten wir den Tisch und wollten Abendbrot essen, einfach alles so normal wie möglich gestalten. Doch schon nach dem zweiten Bissen, wurde mir schlecht. Mir wurde so schlagartig übel, das ich aufsprang und Richtung Toilette stürzte. Ich musste mich übergeben, aß dann lieber nichts mehr und legte mich auf die Couch.
Am nächsten Tag war ich noch etwas müde, doch die Übelkeit war verschwunden. In den nächsten Tagen ging es mir so gut, dass ich begann die Chemo ziemlich sportlich zu sehen. Ich hatte mir das alles viel, viel schlimmer vorgestellt. Zwischendurch musste ich immer wieder ins Krankenhaus zu Blutkontrollen, doch meine Werte waren geradezu traumhaft.
Also war die Zeit gekommen, ein anderes Problem in Angriff zu nehmen. Früher oder später würde es passieren, mir würden die Haare ausfallen. Seit vielen Jahren hatte ich immer einen schönen Kurzhaarschnitt gehabt. Dann irgendwann, rund um meinen vierzigsten Geburtstag, packte es mich. Ich ließ meine Haare wachsen und hatte mittlerweile zum ersten Mal in meinem Leben eine halblange Frisur. Etwa bis auf die Schultern reichten meine Haare, ich war unendlich stolz und es gefiel mir über alle Maßen. Und ausgerechnet jetzt kam die Krankheit.
Ich ließ mir als erstes wieder einen praktischen Kurzhaarschnitt verpassen und suchte mir dann einen Friseursalon in meiner Gegend, der auch Perücken anbot. Zum Glück, bekam ich eine gute Empfehlung. Vom ersten Augenblick an, war die Friseuse mir sympathisch. Sie sagte einfach was auf mich zukam, ohne die Sache irgendwie zu beschönigen, das gefiel mir. Die pure Auswahl an Perücken überforderte mich dann doch. Sie ließ mich blättern und ich wälzte drei dicke Kataloge von vorn nach hinten durch. Was würde einem stehen, was war passend? Ich war ratlos. „Hm, keine Ahnung, irgendwie sehen so viele gut aus." Wahllos zeigte ich auf einige Modelle. Auch da bekam ich Hilfe, wir wähl-

ten drei aus, die sie in den nächsten Tagen für mich zur Anprobe bestellen würde.

Eine Woche später kam der Anruf und ich war wieder zur Stelle. In den ersten beiden Perücken sah ich richtig verkleidet aus, irgendwie als würde ich eine Rolle im Theater spielen. Ich fühlte mich auch so, es war komisch und ich musste lachen. Die dritte war es, sofort gefiel ich mir. Sie verblieb im Salon, wenn die Haare ausfielen, sollte ich hinkommen und würde dann mit meinem neuen Haar den Salon verlassen. Also war das auch erledigt.

Die zweite Chemo rückte näher, schon übermorgen stand sie an. Wenn ich daran dachte, wurde mir schlecht, eine bleierne Müdigkeit überfiel meinen Körper. Am Morgen brachte Torsten mich ins Krankenhaus, erschöpft schleppte ich mich den kleinen Hügel empor. Dieselbe Prozedur wie letztes Mal begann. Nur diesmal nicht in einem Bett, sondern einem Zimmer, welches man speziell für die Chemopatientinnen eingerichtet hatte. Es war sachlich eingerichtet, mühevoll hatte man versucht, es etwas gemütlicher zu gestalten. Drin standen drei Sessel und ich setzte mich einfach in irgendeinen. Gleich zu Beginn, suchte mich eine Psychologin auf, um mit mir über die gesamte Behandlung zu sprechen. Nun muss ich sagen, dass ich mit solchen Dingen nicht allzu viel am Hut habe, im Gegenteil. Ich hielt das eher für Humbug und machte die Dinge lieber mit mir selbst aus. Was sollte mir eine Psychologin schon sagen können.

Aufgrund dessen, das es mir wirklich schlecht ging, vereinbarte ich aber dann doch einen Gesprächstermin mit ihr, vielleicht würde mir die ganze Sache etwas bringen. Dieses Mal war mir während der Chemogabe schon übel. Mein Herz raste und mir brach ständig der Schweiß aus. Es war, als würde sich mein Körper sträuben, aber ich wusste, es waren meine Nerven, meine Psyche spielte verrückt. Mittags wurde mir ein Essen serviert, doch ich brachte nichts hinunter, sogar den Geruch konnte ich nicht ertragen. Hinterher am Abend, suchte mich zu Hause wieder die übliche Müdigkeit heim, verbunden mit Übelkeit. Diesmal hielt es schon ein wenig länger an, einige Tage war ich ziemlich angeschlagen. Ich merkte, dass das Gift in meinem Körper langsam Wirkung zeigte. So schlief ich viel, ruhte mich aus und machte langsame Spaziergänge an der Elbe entlang. Mein Kind besuchte mich und wir verlebten schöne Nachmittage. Dennoch haderte ich immer mehr mit der Behandlung. Noch vor ein paar Wochen war es mir gutgegangen. Gut, ich hatte einen Tumor in der Brust, den ich auch spürte, doch ansonsten war ich fit gewesen, putzmunter und lustig. Und nun fuhr meine Psyche Achterbahn und meinem Körper ging es schlecht.

Der Termin bei der Psychologin war gekomen. Ich war unsicher was ich ihr sagen sollte, doch dann ergab sich alles wie von allein. Also berichtete ich von meinem Kampfeswillen, davon das Mistding in mir drin auf jeden Fall zu besiegen, egal was es kosten sollte. Das imponierte ihr. Doch ich sprach auch von meinen Ängsten, besonders der Angst vor der Chemo und meinen Erfahrungen vom letzten Mal. Dafür hatte sie eine gute Strategie. „Versuchen Sie mal ein Bild von dem Tumor zu finden, wie könnte er für Sie aussehen. Welche Farbe hat er, welche Struktur?"
Ich sollte mir dieses Mistding also bildlich vorstellen, als was auch immer. In meinem Fall entstand vor meinem inneren Auge relativ schnell ein hässliches zotteliges Wesen. Die Chemo stellte spitze Pfeile da, mit dem das Ungeheuer beschossen wurde. Es wurde schwächer und kleiner, bis es schließlich ganz von der Bildfläche verschwand. Das gefiel mir ausgesprochen gut und war nachvollziehbar. Ich sollte die Chemo also zu meinem Verbündeten machen, sie nicht als Feind, sondern als Freund sehen. Sicher, sie würde meinen Körper schwächen, ihn sogar ganz schlimm schädigen, aber sie war auch eine Chance wieder ganz gesund zu werden.
Und noch ein zweites Bild gab sie mir mit auf den Weg. Wenn es ganz schlimm war, sollte ich mich an einen wunderschönen Ort träumen, dahin, wo es mir so richtig gut ging, wo ich mich wohl und geborgen fühlte. Dann sollte ich über diesem Ort eine Sonne aufgehen lassen, die mich wärmte und mir Kraft gab. Also träumte ich mich ab diesem Tag ans Meer, ich liebte das Meer, das Wellenspiel, das teils ruhige, teils stürmische auf und ab. Aber auch die unendliche Weite, das Gefühl von Freiheit - dort ging es mir einfach immer gut.
Und so lag ich bei den nächsten Chemos auf meiner Liege, hielt die Augen geschlossen und war ganz weit weg. Erstaunlicherweise half mir dies unheimlich gut. Auch die Bilder des beschossenen Ungeheuers holte ich immer wieder hervor. Die Chemo war mein

Verbündeter geworden, sie tötete gesunde Zellen, aber auch die kranken und das allein zählte. Sie beschoss das Mistding in meinem Körper mit spitzen Pfeilen.

Dann gab es noch etwas, was mir unheimlich half. Es war mein Humor, eine Mischung aus meiner sowieso lustigen Art, gepaart mit ganz viel Sarkasmus. Alles, was auch geschah, wurde mit Humor gesehen. Das vereinfachte vieles. Ich steckte die anderen Frauen damit an und oft ertönte lautes Gelächter bis nach draußen auf den Flur. Für besonders viel Heiterkeit sorgten die ständigen Toilettengänge. Da wir alle sehr viel Flüssigkeit eingeflößt bekamen, musste diese den Weg alles Irdischen wieder nach draußen nehmen. Teilweise aller halben Stunden drückten wir unsere Klingelknöpfe und riefen der eintretenden Schwester im Chor laut „Pinkelpause" entgegen. Sie musste uns jedes Mal vom Tropf abklemmen und wieder anschließen, um nur Minuten später das gleiche Spiel zu wiederholen.
Auch die Schwestern brachten viel Humor in unser Zimmer, sicher nicht alle, aber die meisten. Wenn bei einer Patientin die Blutwerte zu schlecht wurden, so konnte es passieren, dass eine Bluttransfusion durchgeführt werden musste. Davor hatten wir alle Angst. Aber wie sagte eine der Schwestern, „Sie haben die Wahl, wollen sie Blut von einem 18-jährigen Spanier oder einem 75-jährigen Finnen." Das war natürlich ein Scherz, aber noch heute muss ich an das Gelächter denken. Und dreimal dürfen sie raten, wessen Blut wir alle wollten.
Die vielen Begegnungen mit Frauen, die gerade ein Baby bekommen hatten, schenkten mir viel Kraft und Zuversicht. Da unser Zimmer gleich am Eingang zur Station lag, mussten sie alle bei uns vorbei. Neues Leben zu sehen, so klein und verschrumpelt, ich fand es toll.
Wir Frauen, tauschten uns über unsere Erfahrungen aus. Manche kamen schon länger hierher, andere waren ganz neu. Die Mischung war immer wieder interessant. Viele der Frauen hatten schon lange Krankheitsgeschichten hinter sich, Rezidive, also Rückfälle erlebt, doch ihren Lebensmut hatten sie nicht verloren. Und jede Frau ging anders damit um, dass musste ich immer wieder feststellen. Ich denke, es gibt auch kein Patentrezept, jeder muss seinen eigenen Weg finden. Aber ich empfehle jedem

Kranken, so gut es geht, seinen Frieden mit der Behandlung zu schließen, dass macht es einfach um so vieles leichter.
Eines Morgens fand ich nach dem Aufstehen ein Bündel Haare auf meinem Kopfkissen. Also war jetzt der Moment gekommen, vor dem ich schon etwas Bammel gehabt hatte. Ich rief meine Friseuse an und konnte noch am selben Tag vorbei kommen. Als sie mir die verbliebenen Haare abschor, holte ich ganz tief Luft. Doch mit den ersten Strähnen die zu Boden fielen, schossen mir die Tränen in die Augen. Meine Friseuse ließ mich heulen, „Lassen sie es raus, das ist am besten." Torsten saß auf einem Hocker hinter mir und schaute mich aufmunternd an. Und dann waren sie ab, mein Kopf war kahl. Ich hatte mich für diese radikale Methode entschieden, da ich nicht jeden Tag Haare auf dem Kissen finden wollte. Das wäre noch viel deprimierender für mich gewesen. Dann lieber ein schnelles Ende, denn ausfallen würden sie ja sowieso. Mir wurde meine Perücke aufgesetzt, der man noch einen finalen feschen Haarschnitt verpasste. Ich fühlte mich wohl und sah mit meiner Uschi, die Perücke brauchte einen Namen, auf dem Kopf richtig gut aus.
Nur ein Nachbar wunderte sich, dass ich doch gestern noch kurze Haare gehabt hätte, nun waren sie ein ganzes Stück länger. Aber die neue Farbe fand er ausgesprochen toll. Nur mühsam konnte ich mir ein Schmunzeln verkneifen.
In meinem Badezimmer stellte ich mich vor den Spiegel und betrachtete meinen kahlen Kopf. Ehrlich gesagt, sah es gar nicht so schlecht aus. Im Gegenteil, welche Frau bekam schon die Gelegenheit ihre Kopfform mal so in aller Ruhe betrachten zu können. Vor allem kamen meine Augen jetzt richtig gut zur Geltung. Wann immer es ging, schminkte ich mich und betonte sie richtig. Abends ging ich jetzt immer mit einer Mütze ins Bett, wie eine Großmutter aus dem Märchen, da ich im Schlaf an meinem kahlen Kopf fror. Manchmal wärmte mich auch unser Kater, seit der Chemo hing er noch mehr an mir.

5. Kapitel

Die nächsten Wochen vergingen im immer gleichen Rhythmus. Ich bekam Chemo, musste zwischendurch zu diversen Blutuntersuchungen und Kontrollen ins Krankenhaus. Dann hieß es warten, konnte die Chemo fortgesetzt werden, bräuchte ich Blutinfusionen? Langsam verschlechterten sich meine Werte. Auch mit meiner Kraft ging es zusehends bergab. Immer wenn ich mich von einer Chemogabe so einigermaßen erholt hatte, kam schon die nächste obendrauf. Ich wurde schwächer, die Spazierrunden immer kleiner, doch ich hielt eisern an ihnen fest. Meist lief ich in der Dunkelheit, zum einen, weil es mir abends am besten ging, zum anderen, dass niemand mein Dahinschleichen sah. Tagsüber lag ich lange auf der Couch, schlief viel, schaute fernsehen. Nichts anspruchsvolles, sondern Dinge, die ich sonst niemals angesehen hätte, leichte Unterhaltung sozusagen. Ich versuchte zu Lesen, ich hatte immer sehr gern, schnell und viel gelesen. Doch es strengte mich einfach zu sehr an. Ich begriff nicht, was ich dort eigentlich las. Also ließ ich es bleiben, eines Tages würde es wieder gehen.
Trotzdem versuchten wir, wenn Torsten frei hatte, immer etwas zu unternehmen. Wir nahmen uns so manches vor, mussten einige Dinge aber auch wieder canceln. Alles richtete sich nach mir, nach meinem Befinden.

Doch noch etwas machte mir sehr zu schaffen. Ich nahm zu, langsam aber stetig. Nun wenn ich ehrlich war, ich war noch nie so richtig schlank gewesen, immer ein wenig pummelig. Aber jetzt gelangte ich gewichtsmäßig in Regionen, die mich schon etwas ängstigten. Dabei aß ich teilweise viel weniger, als vor der Erkrankung. Schon wenn ich bestimmte Dinge sah, wurde mir schlecht. Trotzdem kletterte die Anzeige der Waage unablässig nach oben. Meine Mitpatientinnen nahmen fast alle ab, ich nicht, leider. Es lag an den Medikamenten, die ich bekam und war leider nicht zu ändern.

Eine Nebenwirkung der Chemo war, dass ich mit einem Schlag in die Wechseljahre kam. Die hormonelle Tätigkeit des Körpers wurde weitestgehend eingestellt, meine Periode hatte ich nicht mehr. Also litt ich unter Hitzewellen und Schlafstörungen. Ganze Nächte lag ich wach, warf mich hin und her, während Torsten neben mir tief und fest schlief. Auch tagsüber konnte ich den Schlafmangel nicht ausgleichen. War ich endlich einmal eingeschlafen, weckte mich der Schweiß auf meinem Körper. Wenn es vorbei war, begann ich zu frieren, es war ein ewiger Kreislauf. Langsam stellten sich noch andere Probleme ein. Die Chemo griff die Schleimhäute an. So mancher Toilettengang war eine Tortur, meine Augen schmerzten, Harnwegsinfektionen kamen dazu, das Schlucken fiel mir schwer. Ich zählte die vor mir liegenden Behandlungen und sehnte ihr Ende herbei.
Anfang Dezember begann ich unser Haus weihnachtlich zu schmücken. Da hatte ich auch sonst immer ordentlich zu tun gehabt, da ich durch meinen Laden ja sehr viele Sachen besaß. Diesmal brauchte ich insgesamt drei Tage, immer wieder musste ich mich hinlegen. Alles stand voller unausgepackter Kartons und Schachteln. Aber dann war alles perfekt, das Räuchermännchen räucherte und die Pyramide drehte sich. Die Adventszeit war für mich die schönste Zeit des Jahres und ich wollte sie mir auf keinen Fall nehmen lassen.
Weihnachten feierten wir eigentlich immer sehr ruhig, aber dieses Jahr machten wir es uns so richtig gemütlich. Torsten holte meine Eltern und meine Tochter und wir verlebten einen wunderschönen Tag mit leckerem Essen und Stollen. Am Abend war ich total geschafft und trotzdem unglaublich glücklich. Meine Lieben waren um mich gewesen, das allein zählte für mich und gab mir Kraft.

Am 27. Dezember war es dann endlich soweit. Ich sollte meine allerletzte Chemogabe bekommen. An diesem Tag war ich sehr schwach, übel war mir auch, morgens kam ich kaum aus dem Bett. Es war, als würde mein Körper streiken. Trotzdem ging ich den Berg zur Klinik schneller hinauf, als die letzten Male, zumindest kam es mir so vor. Der Tropf lief zum Abschied nicht gut, wie als allerletzte Rache. Bis abends 19Uhr lag ich auf der Liege. Ich schlief ständig ein, mir war furchtbar übel und ich war einfach

nur am Ende. Torsten saß wieder bei mir, hielt meine Hand und versuchte es mir damit ein wenig leichter zu machen.
Entsprechend schlecht ging es mir zu Hause. Ich lag auf meiner Couch, die Treppe nach oben in unser Schlafzimmer unter dem Dach, schaffte ich nicht mehr. Also blieb auch Torsten unten, er wollte mich ungern allein lassen.
Dann war Silvester da, Torsten musste arbeiten und ich war allein. Ich lag auf der Couch und zappte durch die üblichen Programme. Überall wurde geschunkelt und gefeiert, mir war nicht danach, zum Glück war ich allein. Um Mitternacht stand ich am Stubenfenster, schaute mir die Feuerwerke der Nachbarn an und heulte. Eigentlich bekam ich an diesem Tag immer feuchte Augen, aber dieses Jahr, war es besonders schlimm. Während bunte Lichter den Himmel erleuchteten, ging mir so vieles durch den Kopf. Was würde das neue Jahr bringen? Würde ich nächstes Silvester noch erleben, wie würde es mir da gehen? Würde ich alles so schaffen, wie ich es mir vorgenommen hatte?
Gleich im neuen Jahr musste ich zur Untersuchung, man wollte den Tumor untersuchen und seine Größe feststellen. Während der letzten Checks waren die Ärzte nicht so richtig zufrieden gewesen. Leider waren sie es auch diesmal nicht. Meine Brust wurde per Ultraschall untersucht und der Arzt, begann den Tumor auszumessen. Er markierte die Außenseiten mit Punkten und ermittelte den Abstand. Die Untersuchung ergab, dass sich der Tumor kaum verkleinert hatte. Mit anderen Worten, hatte die Chemo nicht angeschlagen, zumindest nicht so, wie wir alle es erhofft hatten. Ich war deprimiert, niedergeschlagen. Das ganze Rumgequäle, letzten Endes für fast gar nichts. Mein Arzt versuchte mich aufzubauen, man könnte es noch einmal mit einer anderen Zusammenstellung versuchen. Also noch eine zweite Chemo hinten dran schieben, dies war sein Vorschlag. Doch das lehnte ich rigoros ab, ich wollte die OP, den Tumor endlich loswerden und nicht noch mehr Gift in meinem Körper. Torsten trug diese Entscheidung mit, er wusste wie sehr ich mich in den letzten Wochen gequält hatte.
Also stand mein nächster Termin fest, Anfang Februar war der Tag, an dem der Tumor operativ entfernt werden sollte. Bis dahin sollte ich etwas Kraft aufbauen, damit ich die Operation besser verkraften würde und ein wenig Abstand zur Chemotherapie finden könnte.

Die erste Etappe war zu Ende, doch etwas anderes startete. Ab sofort begann meine Antihormontherapie, ich musste ein Medikament namens Tamoxifen einnehmen und dies mindestens für die nächsten fünf, vermutlich sogar zehn Jahre. Dies hatte mir mein Lieblingsarzt gleich am Anfang der Behandlung angekündigt.
Über diese tägliche Pille hatte ich einiges gelesen und das was ich gelesen hatte, war wenig Mut machend. Seitenweise schilderten Frauen im Internet ihre Probleme. Auf der zweiten Seite hörte ich auf zu lesen. Das Beste war wieder einmal, alles auf mich zukommen zu lassen. Ich sah die Tablette als eine Art Lebensversicherung. Da mein Tumor positiv auf Hormone reagierte, wurde mit diesem Medikament genau dies verhindert. Es sollte dafür sorgen, dass sich keine Krebszellen an meine gesunden Zellen andockten. In gewisser Weise, wurde die Hormonproduktion damit unterdrückt, zwar nicht vollständig, aber ein ganzes Stück. Die Nebenwirkungen waren schon nach kurzer Zeit frappierend. Ich litt unter entsetzlichen Knochenschmerzen, die teilweise so schlimm waren, dass ich kaum laufen konnte. Besonders wenn sich das Wetter änderte, war es ganz extrem. Dann verschlimmerten sich meine Hitzewellen, ich schwitzte ohne Unterlass. Am belastentsten fand ich persönlich die Schlafprobleme, erst viel später fand ich durch Zufall ein gutes Mittel dagegen. Momentan musste ich einfach das Beste draus machen. Ich bekam Stimmungsschwankungen, meine schlechte Laune spürte ich selbst, konnte sie aber nicht unterdrücken. Mit der Zeit wurden die Nebenwirkungen weniger, vielleicht gewöhnte man sich auch daran, das war meine Hoffnung. Auf jeden Fall lernte ich damit umzugehen. Doch egal was auch kam, ich schluckte jeden Tag eisern meine kleine weiße Pille, meine persönliche Lebensversicherung und ein adäquates Mittel gegen den Scheißkerl in mir drin und seine eventuellen Nachfahren. Noch heute nehme ich dieses Mittel und zwar solange, wie es erforderlich ist. Ich habe mich für diese Behandlung entschieden und stehe dazu, egal was andere sagen.

Ich nutzte die Tage im Januar um mich auszuruhen, machte kleine Spaziergänge, stapfte durch den Schnee an der Elbe und merkte, wie meine Kraft ganz langsam zurückkehrte.

Ende Januar hatte mein Schwager Geburtstag, der wohnte auf der Insel Rügen. Da es mir besser ging und ich einfach mal raus musste, beschlossen wir spontan, uns zusammen mit meinen Eltern eine kleine Ferienwohnung zu nehmen und ein verlängertes Wochenende an der Ostsee zu verbringen. Am ersten Tag lag ich gleich erstmal flach, eine Erkältung hatte mich im wahrsten Sinne des Wortes dahingerafft. Mein Immunsystem war durch die Chemo immer noch vollkommen am Boden und kleinste Dinge warfen mich um. So fuhren meine Eltern mit dem Bus alleine ans Meer und grüßten die Ostsee von mir. Ich war deprimiert und wollte am nächsten Tag, komme was wolle, unbedingt an den Strand fahren, ich musste das Meer sehen. Früh nahm ich zwei Tabletten und los ging`s immer an der Küste entlang. Wir fuhren bis nach Thiessow, stellten das Auto ab und liefen durch den Dünenwald langsam zum Meer. Schon von weitem hörte ich das laute Brausen. Dann lag sie vor mir, meine geliebte Ostsee. Der Wind tobte und die Wellen schlugen hoch. Ich weiß noch, es war ein sehr sonniger Tag und der Himmel strahlte leuchtendblau. Es gab eine leichte Sturmflut und daher war der Strand fast komplett im Wasser verschwunden, mir war alles egal. Ich hatte eines meiner Ziele erreicht, nochmal das Meer zu sehen. Wieder einmal flossen die Tränen, meine Familie weinte mit mir, wussten doch alle, wieviel mir dieser Augenblick bedeutete. Wir liefen ein kleines Stück hin und her und ich konnte mich gar nicht losreißen. Am liebsten hätte ich mich in den weichen Sand gesetzt und wäre einfach hiergeblieben.

Nachmittags sollte dann eigentlich die Feier stattfinden, leider ohne mich, ich war über eine Grenze gegangen und vollkommen erschöpft. So gratulierte ich nur kurz und legte mich in mein Bett um zu schlafen. Und schon am nächsten Tag ging es wieder nach Hause. Es war eine kurze Fahrt gewesen, doch sie hatte mir meine Grenzen aufgezeigt. Immer wieder wollte ich einfach zu viel und doch hatte ich das Meer gesehen.

Zu Hause angekommen, schonte ich mich die nächsten Tage, die mir noch bis zur OP blieben. An einem eiskalten Morgen war es soweit, Torsten brachte mich bei minus 20 Grad in die Klinik. Es lag kein Schnee und die Bäume waren im Frost wie erstarrt. Wir fuhren langsam, denn es war ziemlich glatt auf den Straßen. Oben auf der Station wurde ich schon erwartet. Torsten drückte mich zum Abschied ganz fest. Am Vorabend hatte ich mich noch ein-

mal vor den Spiegel gestellt und mich innerlich von meiner Brust verabschiedet, so wie sie jetzt war, würde ich sie nie mehr sehen. Ich zeichnete ihre Form mit dem Finger nach, umfasste sie und erspürte noch einmal den Knubbel tief in ihr drin. Was auch immer passieren würde. Ich hatte dem Arzt gesagt, wenn es notwendig war, sollte er sie entfernen. Alles wollte ich tun, um gesund zu werden.
Die Schwester brachte mich zu meinem Zimmer, das ich momentan ganz für mich allein hatte. Ich bekam mein Kittelchen an, eine Tablette zur Beruhigung und dann ging es auch schon los. Man rollte mich im Bett nach oben, wo die OP Säle lagen. Als ich an der Rezeption der Station vorbeikam, sollte die Visite gerade losgehen. Alle Schwestern und auch die Ärzte bildeten ein Spalier, drückten mir die Hände und wünschten mir viel Glück. Oben erwartete mich schon mein Lieblingsarzt. „Ich verpasse ihnen eine traumhafte Narbe, ganz fest versprochen und ich tue alles um die Brust zu erhalten." Ich dachte noch einmal an meinen sonnenüberfluteten Strand, dann sank ich in einen tiefen Schlaf.

Starke Schmerzen im Brustbereich weckten mich. Ich war im Aufwachraum und eine Schwester beugte sich über mich. Lächelnd sah sie mich an, „Na, Willkommen, geht es ihnen gut? Oder haben sie Schmerzen?"
Ich nickte, erst dann fiel mir ein, was ich gerade für eine OP gehabt hatte. Meine Hände wanderten nach oben und wollten über den Verband tasten. Sie hielt sie fest, legte sie sanft neben mich und machte „Schhhh, es ist alles gut, der Doktor kommt gleich und ich soll ihnen sagen, die Brust ist noch dran."
Ich war so unendlich erleichtert, sie gab etwas in den Tropf gegen die Schmerzen. Die Brust war nicht abgenommen wurden. An nichts anderes konnte ich mehr denken. Später, im Zimmer, drückte mich Torsten glücklich an sich, er hatte sich wahnsinnige Sorgen gemacht, doch jetzt war alles war gut. „Na siehste, wieder ein Schritt geschafft, wir sind eben doch Glückskinder." Mittlerweile glaubte ich selbst daran.
Irgendwann war ich wohl doch eingeschlafen, eine Hand die leicht über meine Wange strich weckte mich. Mein Lieblingsarzt saß vor meinem Bett. „Na, meine Liebe. Es ist alles gut, der Tumor ist vollkommen entfernt und wir konnten die Brust erhalten.

Er ist jetzt im Labor, ob rundherum genug gesundes Gewebe mit entfernt wurde, das erfahren wir morgen. Aber nun ruhen sie sich erstmal aus und kommen sie zu Kräften."

Es ging alles gut, ich erholte mich schnell und durfte drei Tage später nach Hause. Auch der Befund war positiv, ich musste nicht noch einmal nachoperiert werden. Das gesunde Gewebe rund um meinen Mistkerl war ausreichend gewesen. Wieder einmal war das Glück auf meiner Seite.
Vor dem Spiegel in meinem Bad betrachtete ich die Narbe, nun zierte meine linke Brust schon die zweite. Sie war nun ein ganzes Stück kleiner wie die andere Seite, doch sie war noch dran und ich war am Leben. Nichts anderes zählte für mich. Die Brust war immer noch ziemlich geschwollen, doch später sollte ich sehen, wie toll die Operation durchgeführt worden war. Der Größenunterschied zwischen beiden Brüsten war wirklich kaum zu sehen. Nun lag nur noch eine Etappe vor mir, die Bestrahlung. Bis dahin war noch etwas Zeit zum Luft holen und wieder einmal Kraft tanken. Wie lange alles schon zurücklag merkte ich daran, dass auf meinem Kopf ein zarter Flaum wuchs. Meine Haare kehrten zurück, natürlich war man noch weit von einer richtigen Frisur entfernt, aber es war wieder ein Schritt auf dem Weg zur Normalität. Ich fühlte mich ein Stück weit mehr wie eine richtige Frau und freute mich schon unendlich auf den ersten Friseurbesuch.

6.Kapitel

Die Strahlenklinik lag ein Stück entfernt in Dresden. An diesem Tag war ich hier zum ersten Gespräch, zu Untersuchungen und zu einem Anzeichnen der Bestrahlungsregion. Es war ein unscheinbarer Neubau, in dem ein unglaubliches Kommen und Gehen herrschte. Taxen fuhren vor, spuckten Patienten aus und fuhren einige Zeit später mit ihnen wieder davon. Die Nummernschilder waren aus dem gesamten Gebiet von Sachsen.
Im Wartezimmer saß ich mit sehr vielen anderen Patienten, einige sahen von der Krankheit extrem gezeichnet aus. Ich musste sehr lange warten. Dann rief mich eine junge Ärztin auf, untersuchte mich gründlich, bewunderte meine tolle Narbe und besprach mit mir den Ablauf der nächsten Wochen. Dreißig Behandlungen lagen vor mir, das bedeutete sechs Wochen Montag bis Freitag, jeden Tag hierherzufahren.
Man erklärte mir die Nebenwirkungen und die Langzeitwirkungen auf meinen Körper, jonglierte mit Zahlen. Mittlerweile schreckte mich nichts mehr ab, wenn ich ehrlich war. Zuviel hatte man mir schon erzählt, letzten Endes musste ich es eh nehmen wie es kam.
Mit einem dicken Filzstift wurden dann noch Markierungen auf meinem Oberkörper angebracht, sie dienten dazu, die Strahlendosis exakt zu positionieren. Ich kam mir wie ein Indianer mit Kriegsbemalung vor.

Und schon eine Woche später ging es los. Mit einem meiner lustigen Taxifahrer ging es nach Dresden. Im Internet hatte ich mir ein Taxiunternehmen gesucht, für die täglichen Fahrten zur Klinik und ich schien die richtige Wahl getroffen zu haben. Im Krankenhaus musste ich zusammen mit anderen Patienten vor einer Tür warten, wurde schließlich in eine Kabine gerufen und musste mich entkleiden. Dann ging es in den Bestrahlungsraum, dicke Türen schützten die Umgebung vor der Belastung der Strahlenkanone. Die Schwester erklärte mir noch kurz einige

Dinge und sagte mir, wie ich mich zu verhalten habe. Mut machend zwinkerte sie mir zu. Ich legte mich hin, man richtete die aufgemalten Streifen auf meinen Körper nach einem Raster aus, dass von der Decke herabstrahlte und dann war ich allein. Aus dem Lautsprecher dudelte ein regionaler Radiosender und dann begann das Gerät um mich herum zu rotieren und zu tackern. Man spürte nichts, was auch, die Strahlen waren ja unsichtbar. Ich war bemüht möglichst ruhig zu atmen und mich ja nicht zu bewegen. Nach wenigen Augenblicken war alles vorbei, ich durfte mich anziehen und war entlassen. Und dann ging es die ganze Strecke wieder heimwärts.

Am nächsten Tag dasselbe Spiel. Ich muss zugeben, anfangs dachte ich, ich werde gar nicht bestrahlt. Es ging mir gut, meine Haut war nicht gerötet, mir tat nichts weh, ich war sogar richtig fit.

Doch ab der zweiten Woche ging es los, ich spürte jetzt so langsam die Macht der Strahlen. Müdigkeit suchte mich heim, hinterher war ich fertig und machte im Taxi immer ein kleines Schläfchen, dann begann die Haut sich zu röten, ganz leicht nur, wie bei einem Sonnenbrand. Aber ich muss sagen, ich hatte mir die Bestrahlung viel schlimmer vorgestellt. Im Vergleich zur Chemo war sie harmlos. Gut, die Müdigkeit und Erschöpfung wurden schlimmer, aber darauf konnte man sich einstellen. Meine Blutwerte sackten ab, blieben aber immer noch in einem Rahmen, wo die Behandlung nicht abgebrochen werden musste. Zum Ende hin wurden die Schmerzen im OP-Bereich stärker, ließen sich aber noch absolut aushalten. Und irgendwann, waren die sechs Wochen vorbei.

Was mir an diese Zeit am meisten in Erinnerungen blieb, waren die sehr netten und freundlichen Schwestern und die Taxifahrten mit meinen Männern. Egal welcher Fahrer mich fuhr, wir kamen gut miteinander aus, hatten immer etwas zu erzählen und lachten sehr viel. Diese gute Energie machte mir die tägliche Fahrerei, die schon etwas anstrengend war, etwas erträglicher. Und eine Begegnung mit einem kleinen Mädchen.

Ich wartete wieder einmal vor der Tür auf meine Bestrahlung. Da kam eine Frau den Gang entlang, die einen Rollstuhl schob. Darin saß ein kleines Mädchen, fünf Jahre alt, wie ich später erfuhr. Die Kleine trug einen bunten Schlafanzug und hatte eine pinkfarbene Mütze auf dem Kopf. Ihre Mutter setzte sich neben mich

und stellte den Rollstuhl an die Seite. Neugierig, wie Kinder nun einmal sind, sah sie sich um und schließlich blieb ihr Blick auch an mir hängen.
„Hallo, ich bin Lena und wer bist du?"
„Hallo Lena, ich bin Evi.", antwortete ich schmunzelnd. Lenas Mutter sah mich entschuldigend an, doch ich winkte lächelnd ab.
„Und was hast du Evi? Ich meine wo bekommst du die Strahlen hin?"
Ich zeigte auf meine linke Brust, „Hierhin."
„Ah, okay, du hast also Brustkrebs. Mich bestrahlen sie hier", sie zeigte auf ihren Kopf. „Ich habe einen Gehirntumor, sogar einen ziemlich großen."
In diesem Moment wurde die Kleine aufgerufen. Bevor sie durch die Tür geschoben wurde, winkte sie mir noch einmal fröhlich zu. „Mach`s gut Evi." Das war eine Lektion gewesen, wie oft jammerte ich still vor mich hin oder beklagte mich. Aber dieses Kind war viel schwerer krank, doch immer noch lustig und neugierig. Ich weiß nicht, was aus Lena geworden ist, ich hoffe sehr sie hat es geschafft und ist gesund geworden, ich habe sie nie wieder gesehen. Doch so manches Mal musste ich noch an sie und ihre fröhliche zuversichtliche Art denken.

Meine Behandlung war nun offiziell beendet, ich hatte alles hinter mich gebracht. Nun durfte ich noch zur Kur fahren und war dann mit allem durch.
Die Wahl der Kurklinik war ein mittelschweres Problem, ich wollte natürlich an die Ostsee, aber das lehnte die Rentenversicherung ab. Dann schlug man mir diverse Kliniken in meiner Umgebung vor, ich sah mir die Bewertungen an und lehnte ab. Schließlich empfahl man mir die Kurklinik in Bad Schmiedeberg. Eigentlich war mir alles egal, eigentlich wollte ich gar nicht zur Kur. Ich wäre lieber bei meinem Mann geblieben.
Doch eines Morgens machten wir uns auf den Weg, Bad Schmiedeberg, war nicht so weit weg von meinem zu Hause, also würde ich auch Besuch bekommen können. Torsten brachte mich in die Klinik und verabschiedete mich schweren Herzens. Mir ging es richtig schlecht, am liebsten wäre ich wieder mit nach Hause gefahren.

Das Aufnahmegespräch war sehr sachlich und relativ schnell vorbei. Wieder einmal wurde ich gründlich untersucht und mein Therapieplan zusammengestellt.

Ich muss sagen, dass es dort nicht schlecht war, aber ich fühlte mich trotzdem nicht wohl, kam nie so richtig an und hatte ab dem ersten Tag furchtbarstes Heimweh. Mein Zimmer war schön, die Schwestern freundlich, das Essen sehr lecker. Trotzdem ging es mir nicht gut. Ich fand zu niemanden weiter Anschluss. Es waren sehr viele Frauen hier, ganz junge, welche in meinem Alter und Ältere. Fast alle hatten eine Krebsbehandlung hinter sich. Besonders die jungen Frauen machten mich betroffen. Eine hatte gerade erst ein Baby bekommen, die Vorstellung war unfassbar für mich.

Sicher sprach ich mit anderen Patientinnen, aber ich konnte mich mit ihnen nicht identifizieren. Ihre Themen drehten sich um Krankheiten, um Rückfälle, darum, wer schon alles an Krebs gestorben war. Das wollte ich einfach nicht hören. Darum blieb ich meistens allein.

Am schlimmsten waren die psychologischen Gesprächsrunden, nach der zweiten Sitzung ging ich nicht mehr hin. Wieder schaute niemand nach vorn, alle blickten auf ihr persönliches Leid zurück und sprachen ausführlich über ihre Symptome, den Tod und das Sterben. Lachen war bei den meisten Patienten nicht erlaubt, dagegen wurde viel geweint. Ich erklärte der Psychologin, dass ich das nicht wollte, es war bisher nicht mein Weg gewesen und sollte es auch jetzt nicht sein. Vielleicht lag es auch an mir, denn andere Frauen waren mit den Gesprächen sehr zufrieden.

Also lief ich in der Zwischenzeit durch den Kurpark und drehte Runden um den Teich. Der Sport und die anderen Behandlungen taten mir gut, besonders die Übungen für meinen immer schon ziemlich angeschlagenen Rücken. Am allerbesten aber war die Ergotherapie, weil dort wurde gebastelt, getöpfert oder gemalt. Ich entdeckte meine kreative Ader und entschied mich fürs Töpfern. So entstanden eine Vase und ein Klingelschild, welche ich immer noch in Ehren halte.

Ansonsten nutzte ich die Zeit in Bad Schmiedeberg um zu Kräften zu kommen, meine alte Kondition wieder zu erlangen. Ich wollte unbedingt besser durchhalten, diese Erschöpfung endlich loswerden. Der Ort war nicht besonders sehenswert, viele der

Geschäfte waren geschlossen und die Zeiten als florierender Kurort sicher schon eine ganze Weile her. Man konnte auch sagen, hier lag der Hund begraben, aber ich hatte auf Unterhaltung eh keine Lust.

An der Rezeption erwarb ich eine Wanderkarte. Jeden Tag nahm ich mir eine der beschriebenen Touren vor. Anfangs blieb ich in der Nähe der Klinik, doch schon nach kurzer Zeit wanderte ich allein durch den Wald und machte ausgedehnte Spaziergänge, ganz in meinem Tempo. Die Umgebung war wirklich traumhaft, es gab ausgedehnte Wälder, kleine versteckte Seen und keine großen Berge oder Erhebungen, alles war relativ eben. Mich störte die Einsamkeit nicht, im Gegenteil, über so viele Dinge musste ich nachdenken. Im Wald bekam ich einen klaren Kopf. Ich erfreute mich an der Natur um mich herum, wanderte durch den Kurpark, insbesondere der Rosengarten hatte es mir angetan. Stundenlang konnte ich mich an der Blumenpracht erfreuen. Es fiel mir immer leichter mich zu bewegen und das freute mich ungemein.

Eines ging aber immer noch nicht gut. Ich hatte mir zur Kur einen dicken Stapel Bücher mitgenommen, hoffte ich doch, mit dem Lesen wieder anfangen zu können. Dies fiel mir nach wie vor sehr schwer. Ich konnte mich einfach nicht konzentrieren und war schon nach kurzer Zeit fix und alle. Früher hatte ich die dicksten Bücher in kurzer Zeit durchgearbeitet. Auch mehrere Bände zeitgleich zu lesen, war damals kein Problem für mich. Immer wieder vor dem Schlafen versuchte ich es, aber nur mit mäßigen Erfolgen. Meist kam ich nicht über eine Seite hinaus. So kam ich mit meiner Lektüre nur langsam wie eine Schnecke voran.

Doch schließlich waren auch diese drei Wochen um, nun konnte der Alltag beginnen. Eine Verlängerung um noch eine Woche hatte der Chefarzt mir gar nicht erst vorgeschlagen, denn er wusste, wie sehr ich meinen Mann vermisste. Die Kurklinik entließ mich als arbeitsunfähig und riet mir, erst in etwa vier Wochen wieder arbeiten zu gehen.

Ich war froh, dass ich endlich heim konnte. Wie ich später erfuhr, empfanden viele Patienten bei ihrer ersten Kur nach der Behandlung das Gleiche, vielleicht liegt es daran, dass man innerlich immer noch zu sehr mit der eigenen Geschichte beschäftigt ist. Im Nachhinein und mit einigem Abstand, empfand ich die Kur dann doch als gelungen, denn sie brachte mich ein ganzes Stück Richtung Alltag voran.

Ich war also noch krankgeschrieben, begann aber schon so langsam meine Fühler nach einer neuen Arbeit auszustrecken. Meine letzte Tätigkeit in der Bestattung hatte sich ja erledigt, schließlich war ich entlassen worden.

Doch erstmal sollte noch eine OP auf mich zukommen. Bei einem Routinecheck bei der Frauenärztin wurde eine extreme Verdickung der Gebärmutterschleimhaut festgestellt. Das war eine normale Reaktion auf die Einnahme von Tamoxifen. In dieser Verdickung entdeckte man aber noch eine Unregelmäßigkeit. Noch einmal lagen die Nerven blank.

Also, wieder in die mir mittlerweile vertraute Klinik, Ausschabung und Entfernung der Eierstöcke. Ich stimmte zu, die Kinderplanung war abgehakt. Ich hatte eine große Tochter und wollte schließlich alles unternehmen, um wieder richtig gesund zu werden. Die OP wurde in Knopflochchirurgie durch meinen Bauchnabel durchgeführt. Noch einmal operierte mich mein Lieblingsarzt. Kurz danach verließ er die Klinik, wie ich später erfuhr und ging an ein anderes Krankenhaus.

Nach der OP hatte ich ziemlich üble Bauchschmerzen. Wie mir die Oberschwester erklärte, war mein Bauch mit Luft aufgepumpt worden, damit man die Organe besser sehen konnte. Diese Luft musste nun den Weg alles Irdischen wieder nach draußen nehmen. Sie gab mir den Tipp mit meinem Po zu wackeln und viel umher zu laufen. Also drehte ich mit wackelndem Po meine Runden auf der Station und pupste dabei leise vor mich hin, natürlich zur Belustigung des ganzen Stationspersonals.

Der Befund war in Ordnung, die Unregelmäßigkeit in der Gebärmutter entpuppte sich als eine gutartige Veränderung. Durch die Entfernung der Eierstöcke wollte man meine Hormonproduktion noch weiter nach unten fahren. Der Krebs sollte keine Möglichkeit bekommen, wieder zu wachsen.

Nun verstärkten sich die Wechseljahresbeschwerden allerdings noch einmal. An die Hitzewellen hatte ich mich mehr oder weniger gewöhnt. Meine Haare wieder lang wachsen zu lassen, gab ich auf und blieb lieber bei einem praktischen Kurzhaarschnitt. Jede gezauberte Frisur, war nach dem ersten Schweißausbruch sowieso wieder im Eimer. Aber auch die Schlafprobleme wurden gravierender. Ich ging ins Bett und wälzte mich hin und her, meist schlief ich nur ganz kurz ein, immer so zehn Minuten, dann lag ich wieder wach. Richtiger Schlaf kam oft erst in den Morgenstunden. Ich probierte herum, versuchte es mit Homöopathie, mit pflanzlichen Mitteln, mit Entspannungsübungen. Dann entschloss ich mich Tamoxifen am Morgen einzunehmen. Das Einschlafen besserte sich etwas, doch die Hitzewellen und Knochenschmerzen verstärkten sich, aber damit ließ sich besser umgehen. Auf einmal bekam ich Schwierigkeiten mit dem Arm der operierten Seite, es war ein leichtes Lymphödem, eine sehr weit verbreitete Komplikation. Die Finger schwollen an und der gesamte Arm schmerzte. Wichtig dabei war, relativ schnell zu reagieren und das Ödem nicht erst zu sehr wachsen zu lassen. So bekam ich ab sofort zweimal die Woche Lymphdrainage für meinen Arm und den Oberkörper.

Meine Physiotherapeutin war ein Geschenk des Himmels, sie begleitet mich bis heute, schon so lange Zeit, wir sind uns vertraut und können über alles reden. Unzählige Male hat sie mich in der Zwischenzeit aufgebaut und wenn wir uns sehen, gibt es immer etwas zu lachen und zu schwatzen. Es ist erstaunlich, wie viele tolle Menschen man durch eine Krankheit kennenlernt, die man sonst niemals getroffen hätte. Menschen, die unser Leben eindeutig bereichern.

7.Kapitel

Ich wollte wieder arbeiten, unbedingt, einfach nur zu Hause sein, dass war nichts für mich.
Die Suche gestaltete sich schwieriger, als ich zunächst gedacht hatte. Ich begann mich bei Bestattungen in meiner Umgebung zu bewerben, aber da war keine Chance einen Fuß in die Tür zu bekommen. Dann eben eine Arbeit im Büro, aber auch da kamen nur Ablehnungen. Ich schrieb, ich telefonierte, ich fuhr zu Firmen, doch nichts ergab sich. Jeden Tag durchforstete ich das Internet, ich sprach alle Bekannten an, ob jemanden einen kannte, der vielleicht jemanden suchte.
Schließlich war ich gesundgeschrieben und musste mich auf dem Arbeitsamt melden. Doch auch dort konnte man mir nicht helfen. Mir fiel es sehr schwer auf diese Behörde zu gehen. Noch nie in meinem Leben war ich arbeitslos gewesen. Man schickte mich von A nach B, mit meinem Krankheitsbild und den daraus resultierenden Einschränkungen, gehörte ich in eine andere Abteilung, der für Schwerbehinderte. Ich saß auf dem Gang und wartete - wie sehr hasste ich das. Dort, war gar nichts zu holen, die Mitarbeiterin war sehr freundlich, hatte aber nur irrwitzige Stellenangebote für mich. Sie recherchierte hoch und runter, aber es kam leider nichts Gescheites heraus. So bot sie mir einmal einen Job in der Sächsischen Schweiz an, ich hätte einen Arbeitsweg von zwei Stunden, wohlgemerkt für eine Strecke und würde in der Firma dann drei Stunden arbeiten. Anschließend das gleiche wieder zurück, ich verstand die Welt nicht mehr und saß sprachlos vor ihrem Schreibtisch. Also galt es, sich wieder selbst zu kümmern. Immer wieder kamen Ablehnungen oder man meldete sich gar nicht bei mir. Nicht mal meine versendeten Unterlagen bekam ich zurück. Ich kaufte für Unsummen Bewerbungshefter und ließ immer wieder Passbilder anfertigen. Bei einem Vorstellungsgespräch, ich war sehr glücklich endlich eines ergattert zu haben, merkte ich, warum ich vermutlich keine Chance hatte. In meinem

Lebenslauf klaffte eine berufliche Lücke von etwas über einem Jahr - die Zeit meiner Krankheit. Ich hatte auch hineingeschrieben, dass ich krank gewesen war. Schließlich musste ich mich für meine Krebserkrankung nicht schämen, warum auch. Doch diese Krankschreibung und meine damit verbundene Schwerbehinderung schreckten jeden potenziellen Arbeitgeber ab. Schließlich konnte ich jederzeit ausfallen, war schwerer zu kündigen und nicht so belastbar. Daran änderte auch die großzügige Förderung nichts, die ein Arbeitgeber für mich bekommen würde. Der Chef, der vor mir saß, sagte mir dies ganz offen. Er hatte bisher mit Schwerbehinderten nur schlechte Erfahrungen gemacht und würde auf keinen Fall mehr welche einstellen. Anscheinend hatte er meine Krankheit übersehen, sonst hätte er mich gar nicht erst zu einem Gespräch eingeladen.

Tja, nun war guter Rat teuer, was sollte ich sagen, was in der Zwischenzeit mit mir gewesen war. Wir überlegten verschiedene Varianten, letzten Endes blieb wir ganz einfach bei der Wahrheit. Entweder stellte man mich so ein wie ich war oder eben nicht. Ich wurde immer deprimierter, bewarb mich mittlerweile auf alle möglichen Stellen, auch wieder im Handel, wo ich eigentlich nicht mehr arbeiten wollte, doch nichts geschah. Jeden Tag schaute ich im Internet nach, studierte Tageszeitungen.
Der Jahreswechsel kam, ich dachte an letztes Silvester. Damals waren meine Sorgen andere, nun fühlte ich mich gesund, doch niemand wollte mich haben. Das hatte ich mir alles irgendwie anders vorgestellt.
Im neuen Jahr ging die Suche unvermindert weiter. Eigentlich hatte ich gar keine Hoffnung mehr etwas zu finden, doch meine Familie baute mich immer wieder auf unbedingt weiterzusuchen. In der Zeitung stieß ich schließlich durch Zufall auf ein Stellenangebot. Eine Verkäuferin wurde gesucht, ganz in meiner Nähe. Zwar auf geringfügiger Basis, aber immerhin. Eine Adresse und eine Telefonnummer waren angegeben, also beschloss ich meine Unterlagen persönlich abzugeben. Im dichtesten Schneetreiben machten wir uns auf den Weg. Durch die schmalen Gassen der Altstadt pfiff der Wind, ein Tag, an dem man am liebsten zu Hause in der warmen Stube blieb. Völlig zugeschneit gab ich meinen Umschlag im Hauptgeschäft ab. Mein Engagement beeindruckte die Mitarbeiterin ungemein, am liebsten hätte sie mich

umgehend ihrer Chefin vorgestellt, doch die hatte gerade Besuch von einem Vertreter. Sie bat mich, doch eine kleine Runde zu drehen und in einer Stunde wiederzukommen. Also saßen Torsten und ich in einem kleinen Kaffee, aßen ein Stück Kuchen und schauten in den immer schlimmer werdenden Schneefall.
Eine Stunde später stand ich pudelnass und zugeschneit wieder im Geschäft. Das Gespräch mit der Inhaberin gestaltete sich äußerst positiv. Ich fühlte mich gleich wohl. Sie fragte nach meinem bisherigen beruflichen Werdegang und schien sich auch an meiner Selbständigkeit nicht zu stören, im Gegenteil. Doch als das Thema auf Krankheit und Schwerbehinderung kam, merkte ich, wie die Stimmung sichtlich abkühlte. Immer wieder durchblätterte sie meine Mappe und studierte meinen Lebenslauf. Dann war ich entlassen und wir machten uns auf den Heimweg. Ich war deprimiert und konnte meine Tränen nicht zurückhalten.
„Ich kapier das nicht, da hat man so eine Sache überstanden und dann bekommt man keinen Fuß mehr auf die Erde. Wenn es wenigstens Einer mit mir mal probieren würde."
Wieder einmal sollte alles an dem verdammten Krebs scheitern. Ich verstand die Welt einfach nicht mehr. Da wollte man arbeiten, endlich wieder, war eine gute Kraft, doch niemand sah das. Später sollte ich erfahren, dass auch sie leider schlechte Erfahrungen mit Schwerbehinderten gemacht hatte.

Doch zwei Tage später kam alles anders. Mein Telefon klingelte und die Inhaberin des Ladens war dran. Sie fragte mich, ob ich bereit wäre für drei Tage einzuspringen, da eine Mitarbeiterin in ihrer Filiale krank geworden war. Einfach so, ins kalte Wasser - ich würde ihr damit sehr helfen.
Begeistert sagte ich sofort zu. Voller Tatendrang machte ich mich am nächsten Tag auf den Weg. Ich hatte schon einiges verkauft, Bücher, erzgebirgische Dinge, sogar Lebensmittel, aber noch nie in meinem Leben Schmuck. Trotzdem kam ich gut zurecht. Der Laden war klein, ich schaute mir alles an, stöberte in den Vitrinen und informierte mich in Büchern. Wenn irgendwelche Fragen waren, konnte ich mich an meine Kollegen im Hauptgeschäft wenden. Es war einfach herrlich, eine Aufgabe gefunden zu haben, zumindest für kurze Zeit.
Eine Woche später hatte ich einen Arbeitsvertrag, zwar nur für wenige Stunden, doch es war ein Anfang. Ich schien mit meiner

Willenskraft so überzeugt zu haben, dass man sich eine so motivierte Arbeitskraft nicht entgehen lassen wollte.
Da ich mich in dem Metier nicht so gut auskannte, schickte mich meine Chefin als Erstes zur Schulung nach Pforzheim. Es sollte um die Grundlagen des Schmuckverkaufs gehen, um Materialien und Verkaufsstrategien. Von zu Hause buchte ich ein kleines Zimmerchen in einer Pension und machte mich auf die Fahrt in den Westen. Die Wirtin war ausgesprochen freundlich, stammte aus dem Osten und wir schwatzten lange über alte Zeiten. Mein kleines Zimmer lag zum Innenhof, der Ausblick war wenig berauschend, aber es war geradezu himmlisch ruhig, während auf der Vorderseite der Verkehr brauste. Außerdem war ich sowieso nicht viel dort. Eine ganze Woche war ich in Pforzheim und lernte so viele Dinge. Wir waren eine gute Truppe, die meisten Frauen arbeiteten schon im Schmuckverkauf, ich war die Einzige, die kaum Erfahrungen hatte. Morgens gab es meist einen theoretischen Teil und nachmittags fuhren wir uns eine Firma in der Umgebung anschauen. Wir konnten dort direkt in die Produktion blicken, wann hatte man dazu schon einmal die Gelegenheit. Es war sehr interessant und gab mir unheimlich viel. Die Kursleiterin brachte die gesamte Materie anschaulich und relativ leicht verständlich rüber. Ich war für diese Chance so unendlich dankbar.

Allerdings spürte ich dort auch zum ersten Mal, wie sehr mich doch alles anstrengte. Schulung oder Betriebsbesichtigungen gingen meist bis 16 Uhr. Die anderen Frauen bummelten nach Feierabend noch durch die Stadt, gingen shoppen oder zusammen essen. Ich dagegen schlich müde in mein kleines Pensionszimmer, legte mich aufs Bett und war nach kurzer Zeit schon eingeschlafen. Zum Abendessen holte ich mir meist einen Salat, den ich auf dem Zimmer aß. Später noch einmal durch die Stadt zu gehen, dazu konnte ich mich beim besten Willen nicht aufraffen. Selbst den letzten Abend, den alle zusammen feiern wollten, ließ ich sausen. Auch das Lernen, sozusagen die Theorie, war nicht einfach für mich, ich merkte, dass meine Konzentration nach gewisser Zeit spürbar nachließ. Trotzdem kämpfte ich mich verbissen durch das Programm. Ich wollte diese Chance unbedingt nutzen.
Am Ende der Woche war mein Kopf voll mit vielen neuen Dingen und es ging nach Hause. Meine Chefin erwartete mich am

Montag im Geschäft. Es gab Neuheiten, sie bot mir an, anders als zuvor geplant, nicht nur stundenweise zu arbeiten, sondern in der kleinen Filiale voll einzusteigen. Meine Kollegin würde dagegen ins Hauptgeschäft wechseln. Ich hätte die Verantwortung für das Geschäft, könnte schalten und walten und mich um alles kümmern. Im Hinterraum gab es die Möglichkeit sich auszuruhen und hinzusetzen. Wenn ich also wirklich Probleme bekam, konnte ich dort wieder zu Kräften kommen. Das Geschäft war nicht groß und überschaubar, die Kunden würden sicher nicht permanent Schlange stehen. Deswegen sagte ich sofort zu, ich war überglücklich. Ich hatte es geschafft und war endlich wieder richtig im Leben angekommen.

8. Kapitel

Meine Tage waren nun von Schmuckstücken erfüllt. Ich gestaltete die Vitrinen, dekorierte das Schaufenster, beriet die Kunden und war einfach nur glücklich. So konnte es weitergehen. Immer wieder sah ich mir den Schmuck an und kniete mich in meine neue Aufgabe richtig rein. Schon nach kurzer Zeit konnte ich souverän die Kunden bedienen.
Oft kamen mich meine Eltern besuchen. Sie freuten sich mit mir, wie gut ich es getroffen hatte und wie glücklich ich mit meiner neuen Beschäftigung war. Und ich muss sagen, ich schaffte die Arbeit wirklich gut. Wann immer es ging, setzte ich mich nach hinten und legte die Füße hoch. Das Aufräumen und Saubermachen des Geschäftes war schnell erledigt und nicht so furchtbar anstrengend, somit hielt sich meine Erschöpfung in Grenzen. Dieses kleine Geschäft, war einfach ideal für mich.
Auch meine Chefin war sehr zufrieden mit mir, so sehr, dass sie überlegte, das Geschäft zu vergrößern. Das jetzt bestehende Angebot sollte erweitert werden. In der Nähe war ein perfekter Laden frei geworden. Schließlich war der Deal perfekt, im Herbst wollten wir in aller Ruhe umziehen.

Doch im Sommer des Jahres 2013 überschlugen sich die Ereignisse. Tagelang regnete es und die Elbe brachte ein Hochwasser mit sich. Es war nicht so extrem, wie die schlimme Flut 2002, doch immer noch verheerend genug. Das Wasser stieg höher und höher, kletterte in den Straßen der Stadt nach oben und erreichte schließlich fast den kleinen Laden, in dem ich arbeitete. Meine Kollegin und ich fuhren ein letztes Mal hin, kämpften uns durch die Gassen und brachten die Ware in Sicherheit. Die Stadt war voller Menschen, jeder versuchte zu retten, was nur zu retten war. Wir räumten alles aus, brachten es ins ungefährdete Hauptgeschäft und wenige Stunden später, war der Laden in den Fluten versunken.
Einige Tage lag alles lahm, die Stadt war nicht zu erreichen, wir waren zum Nichtstun verbannt und mussten zu Hause bleiben. Bei meinen Spaziergängen an der Elbe betrachtete ich die grau-

braunen Fluten die sich heranwälzten. Das Wasser wollte und wollte nicht sinken, doch dann war es vorbei. Wir konnten zumindest das höhergelegene Hauptgeschäft wieder öffnen. Der kleine Laden hatte etwa einen Meter unter Wasser gestanden, das war an sich nicht viel. Trotzdem waren die Schäden enorm, die Feuchtigkeit hing hartnäckig in den alten Mauern. Alles musste herausgerissen und entsorgt werden. Wir räumten und warfen weg, überall lagen riesige Abfallhaufen in den Straßen.
Also entschied meine Chefin, das kleine Geschäft nicht mehr zu eröffnen und gleich in die größeren Räume umzuziehen. Das Sortiment sollte ja noch von anderen Dingen ergänzt werden. Unermüdlich räumten und putzten wir. Abends war ich zunehmend geschafft, aber ich hatte ja auch viel geleistet.

Dann kam endlich die Eröffnung, die Kunden fanden den neuen Laden toll. So eine Inneneinrichtung, hatte es hier im Ort noch nie gegeben. Nun gab es natürlich mehr zu tun, das Geschäft war größer, die Aufgaben vielfältiger. Ich ging jeden Tag voller Freude und mit großem Tatendrang hin. Der Laden war zu meinem persönlichen Projekt geworden, durfte ich ja so viele meiner Ideen mit einbringen. Doch in meinem Inneren fühlte ich mich schwächer, jeden Tag ein Stück weit mehr. Es war eine schleichende Erschöpfung, die ganz verstohlen in mein Leben gekommen war, so unauffällig, dass ich ihren Anfang nicht benennen konnte. Ich dachte mir nichts dabei, so viel war in letzter Zeit passiert. Und mein Willen, es unbedingt schaffen zu wollen, war größer als alles andere und ungebrochen vorhanden. Mittlerweile war ich so richtig urlaubsreif. Der stand unmittelbar vor der Tür und ich freute mich unendlich darauf.

Wir flogen nach Madeira. Das war eines unserer Ziele gewesen, als ich die Krebsdiagnose bekam. Damals waren wir durch einen Fernsehbericht auf die Insel aufmerksam geworden und seitdem wollten wir dort hin. Fasziniert hatten wir die Bilder angesehen, von unberührter Natur, grünen Hängen und schroffen Felsen. Überall blühten Blumen, es sah fast aus wie im Paradies. Im Reisebüro hatten wir uns beraten lassen und unseren persönlichen Traumurlaub zusammengestellt.
Und als ich so im Flieger saß, hoffte ich, dass alle Sorgen am Boden zurückbleiben würden. Ich war glücklich und fühlte mich

einfach nur prächtig. In der ersten Woche machten wir eine Pkw-Rundreise, ganz entspannt in unserem eigenen Tempo, nur kein Stress. Wir schliefen in verschiedenen Hotels und lernten dieses schöne Fleckchen Erde dadurch richtig kennen. Die zweite Woche verbrachten wir dann in einem alten Herrenhaus oberhalb einer Klippe, das man zum Hotel umgebaut hatte. Es war einfach traumhaft, die ganze Insel war traumhaft, aber besonders dieser magische Ort. Man kam sich vor wie in alte Zeiten zurückversetzt. Jeden Abend aßen wir im hoteleigenen Restaurant, welches direkt über eine Klippe lag. Die Aussicht war einfach gigantisch und die Sorgen und Probleme der letzten Jahre fielen immer mehr von mir ab.

Dennoch spürte ich, dass etwas nicht stimmte. An einigen Tagen war ich morgens schon schwach und erschöpft, so sehr, dass wir nichts unternahmen oder nur ein wenig mit dem Auto herumfuhren. Oder mich überkam plötzlich eine bleierne Schwäche und Müdigkeit, ich konnte kaum noch weiter. Wir mussten uns ausruhen und warten, bis es wieder besser wurde. Nach einiger Zeit ging es dann, die Kraft kehrte zurück und wir zogen weiter. Doch auch das Lesen, welches langsam besser gegangen war oder ein langes Gespräch überforderten mich wieder zunehmend. Oft war ich unkonzentriert und vergaß die einfachsten Dinge. Ich schob alles auf den Stress der letzten Monate und den Wiedereinstieg ins Berufsleben, das war die wahrscheinlichste Erklärung. Wir machten einfach das Beste daraus, dachten uns nichts dabei und nahmen alles mit Humor, das war immer noch die beste Lösung. Wieder zu Hause, ging es gleich auf Arbeit. Doch ich war nicht ausgeruht, ich fühlte mich eigentlich immer noch urlaubsreif und hatte keinerlei neue Kraft gewonnen. Trotzdem freute ich mich sehr auf den Laden und vermisste meine Arbeit richtig. Das Geschäft wurde mittlerweile sehr gut angenommen und wir hatten schon einige Stammkunden gewonnen. So viel war zu tun, es musste dekoriert und die Räume gesäubert werden, Kunden wurden beraten oder Bestellungen gemacht. Es war viel mehr als in dem alten, kleinen Laden. Ich liebte meine Arbeit und ging durch diese Liebe vermutlich über so manche Grenze. Zumindest sehe ich das im Nachhinein so, damals hätte ich das energisch bestritten.

Mittlerweile war es Herbst geworden. Ich verließ am Morgen das Haus und kam erst in der Dunkelheit zurück. Manchmal war ich 11 Stunden unterwegs, da ich vor der Arbeit noch zweimal die Woche zur Lymphdrainage musste. Und dann war ja immer noch der Einkauf oder der Haushalt zu erledigen. Am Jahresende arbeiteten wir noch ein wenig mehr, das kannte ich schon von früher. Schließlich war ich keine Fremde im Handel. Auch am Sonntag war jetzt geöffnet, so war die Zeit zum Ausruhen und Kraft tanken noch kürzer geworden.

Meine Erschöpfung wurde immer größer und meine gute Laune und Tatkraft, waren nur noch aufgesetzt. Es war fast so, wie als ob jeden Tag ein wenig Kraft aus mir entweichen würde. Zu den meisten Dingen musste ich mich zwingen, eine enorme Kraftanstrengung war dafür notwendig. Jetzt mit einigem Abstand, kann ich gar nicht mehr genau sagen, wann ich bemerkte, dass mein Zustand nicht mehr normal war und mit einer normalen Überlastung durch Arbeit nichts mehr zu tun hatte.

Eines Abends, ich war auf dem Weg zu meinem Auto, war ich schlagartig so kaputt und fertig, dass ich nicht mehr weiter konnte. Meine Beine waren wie Blei, mein ganzer Körper fühlte sich wie gelähmt an und in meinem Kopf war nur noch Leere. Vor einem Haus war eine Baustelle, dort hatte man Zementsäcke aufgestapelt. Ich setzte mich auf einen und fing vor lauter Verzweiflung an zu heulen. Mir war schleierhaft, wie ich heimkommen sollte. Torsten war arbeiten und ich saß hier allein in der Dunkelheit. Menschen liefen an mir vorbei und sahen mich verwundert an. Ein Passant sprach mich schließlich an und fragte, ob er mir irgendwie helfen könne, aber ich verneinte nur. Irgendwann wurde es etwas besser und ich schleppte mich zu meinem Auto. In Zeitlupe tuckerte ich nach Hause, legte mich erschöpft auf meine Couch und schlief sofort ein.

Am nächsten Tag war es etwas besser, doch ich fühlte mich alles andere als fit und gesund. An einem freien Tag suchte ich meine Ärztin auf, sie untersuchte mich, nahm mir Blut ab und konnte doch nichts finden. Meine Beschwerden hatte ich ihr geschildert, doch sie schien eher ratlos. Ich war mittlerweile unruhig, hatte Angst, was konnte ich nur haben? Die letzten Kontrolluntersuchungen waren doch in Ordnung gewesen, die Tumorwerte vollkommen normal. Die Ärztin schob die Erschöpfung auf die viele Arbeit und riet mir dringend etwas kürzer zu treten. Ich sprach mit Torsten und wir beschlossen, gleich im neuen Jahr musste ich mit meiner Chefin sprechen, nur noch das Weihnachtsgeschäft überstehen, das würde ich schon schaffen. Ein paar Stunden weniger, würden mir bestimmt helfen.

Mittlerweile ging es von Tag zu Tag mehr bergab, ich sehnte nur noch den Januar herbei und schleppte mich jeden Tag auf Arbeit. Zu Hause machte ich gar nichts mehr, ich kam heim und legte mich hin. Der Schlaf brachte mir keinerlei Erholung, morgens war ich oft noch geschaffter als am Abend davor.
Ich weiß noch eines Tages wollte ich Nudeln mit Tomatensauce kochen, ein Gericht was ich im Schlaf beherrschte. Ich stellte das Nudelwasser an und plötzlich war mein Kopf leer. Wie bereitete man um Gottes Willen eine Tomatensauce zu, ich wusste es nicht mehr. Heulend stand ich vor dem Herd.
Am Heiligabend schlief ich gegen 17 Uhr auf der Couch ein, Torsten machte mich dann gegen zehn wach und wir gingen zusammen schlafen. Ich hatte den Weihnachtstag sozusagen verpennt.
Dann war Silvester gekommen, wir feierten ganz in aller Ruhe, nahmen eine Flasche Sekt mit nach draußen und stießen ganz allein auf das neue Jahr an. Endlich war der Januar da. Wir wollten für ein paar Tage an die Ostsee fahren. Und noch etwas besonders stand an, Torsten und ich würden heiraten. Wir beide waren nun geschieden und wollten endlich Nägel mit Köpfen machen.

9. Kapitel

Am 2. Januar zog ich ein schlichtes helles Kleid und Torsten seinen Anzug an, wir fuhren auf das Standesamt im Nachbarort. Im Dezember hatten wir den Termin gemacht. Wir wünschten uns eine Trauung in aller Stille, nur wir beide. Schließlich war es für jeden von uns die zweite Hochzeit. Alles was gesagt werden konnte, hatten wir beide uns schon selbst gesagt. Die Standesbeamtin war leicht verzweifelt, da wir weder eine Rede noch Musik wollten. Sie bot uns verschiedene Varianten an, sah aber schließlich ein, dass wir in aller Stille getraut werden wollten. Immerhin stimmten wir zu, in den Trausaal zu gehen und nicht gleich an ihrem Schreibtisch die Dokumente zu unterschreiben.

Meine Eltern und meine Tochter wussten Bescheid und ließen uns diesen Moment, an dem wir ganz unter uns sein wollten. Im Frühjahr hatten wir mit der ganzen Familie eine schöne Nachfeier geplant.

Am Ende ließ es sich die Beamtin dann doch nicht nehmen, zumindest einen kleinen Spruch zu sagen. Ich fand ihn sehr passend, leider vergaß ich ihn relativ schnell. Sie sagte die ersten Worte und schon schoss mir das Wasser in die Augen, auch Torsten war sehr gerührt. Wir sagten Ja zueinander, unterschrieben, dann wurden noch ein paar Fotos gemacht und unsere Trauung war durch. Zum Abschluss gab uns die Beamtin die Hand, „Ich muss sagen, ich habe selten so eine schlichte Zeremonie erlebt und selten zwei Menschen gesehen, die so glücklich waren, wie sie beide."

Dann fuhren wir heim, zogen uns um und starteten Richtung Ostsee. Unsere Taschen hatten wir schon am Vortag gepackt. Die Autobahnen waren leer und wir kamen gut voran. Wir hatten meine Helene Fischer CD eingelegt und das Lied *Das ist unser Tag, der perfekte Tag*, ertönte. Für uns beide, konnte es perfekter nicht sein.

Das Hotel lag auf dem Darß, gleich hinter den Dünen, es war klein und schnuckelig. Wir kamen in der Dunkelheit an, checkten

ein, inspizierten unser Zimmer und unternahmen einen ersten Spaziergang. Ich musste noch einmal an die frische Luft, ich wollte ans Meer. Rund um das Haus herrschte absolute Finsternis, wir tasteten uns langsam Schritt für Schritt durch die Dünen vor und dann – endlich, spürten wir den weichen Sand unter unseren Füßen. Weit draußen erkannten wir die Positionslichter vorbeifahrender Schiffe. Es wehte eine leichte Brise und die Wellen schwappten ganz leise an den Strand. Die ganze Stimmung war so, wie sie einfach nur am Meer sein konnte. Ich war unheimlich glücklich. Ich war an meiner geliebten Ostsee.
Am nächsten Morgen gab es kein Halten, wir wanderten am Strand entlang nach Wustrow. Schon von weitem sahen wir die Seebrücke sich weit ins Meer schieben, sie war unser Ziel. Gemächlich stapften wir durch den Sand, ich mehr dort, wo es nicht so weich war und man besser vorankam. Es war ein herrlicher Tag, die Sonne schien, über uns war ein strahlendblauer Himmel. Viele Leute waren unterwegs, die alle das tolle Wetter ausnutzten. Ich war einfach glücklich und das sah man mir auch an.

Dann plötzlich, wie ein Schlag, traf mich die Erschöpfung, so schlimm wie noch nie. Ich hatte Schmerzen am ganzen Körper, meine Füße waren bleischwer und ich war so unendlich kraftlos. Langsam versuchte ich weiterzugehen, doch es ging einfach nicht, meine Beine versagten mir ihren Dienst. Ich setzte mich auf eine der Bunen und versuchte wieder zu Kräften zu kommen. Es dauerte eine ganze Zeit, Torsten hockte geduldig neben mir und versuchte mich aufzubauen, doch ich spürte seine Angst. Endlich in Wustrow angekommen, kehrten wir ein, tranken in aller Ruhe einen Tee und liefen langsam zum Hotel zurück. Diesmal nicht am Strand entlang, sondern oben auf dem bequemeren Weg durch die Dünen. Ich merkte, wie ich von Minute zu Minute wieder erschöpfter wurde. Torsten schlug vor, ich solle mich auf eine Bank setzen und er würde das Auto holen, doch das wollte ich nicht, ich war eine Kämpferin, nur nicht aufgeben. Mühsam ging es weiter. Jeder Schritt war eine einzige Qual. Ich musste mich so furchtbar zwingen, am liebsten hätte ich mich an den Wegesrand gesetzt und wäre hocken geblieben. Im Hotel legte ich mich hin und schlief ein paar Stunden tief und fest.
Mich ängstigte mein Körper, besonders dieses plötzliche Auftreten der Schwäche. Die nächsten zwei Tage, fuhren wir viel mit

dem Auto umher, da ich mich immer noch nicht richtig stark fühlte. Außerdem steckte uns beiden der Schreck über das Erlebte in den Gliedern. Ich hatte mittlerweile panische Angst, wieder etwas ganz Schlimmes zu haben, vielleicht war der Krebs zurück und wuchs an irgendeiner Stelle in meinem Körper.
Sonntags war unser Kurzurlaub beendet, wir packten zusammen und machten uns auf den Heimweg. Unterwegs ging es mir zunehmend schlechter, ich verschlief die halbe Fahrt und wenn ich wach wurde, war mir entsetzlich kalt. Anscheinend war eine Erkältung im Anmarsch, denn ich bekam Halsschmerzen und fühlte mich wie bei einer richtigen Grippe. Vielleicht war das der Grund für meine Schlappheit gewesen, ich fühlte mich fast erleichtert. Das musste einfach die Erklärung sein. Zu Hause ging es gleich ins Bett. Am nächsten Morgen war es noch schlimmer, trotzdem schleppte ich mich noch einmal pflichtbewusst auf Arbeit. Gegen Mittag ging gar nichts mehr und meine Chefin schickte mich heim. Mit zwanzig Stundenkilometern schlich ich nach Hause. Alle Autos überholten mich, manche hupten oder zeigten mir einen Vogel. Mir war alles egal, ich dachte nur eines – du musst heil zu Hause ankommen.
Meine Hausärztin verordnete mir Ruhe, viel Ruhe. So lag ich auf der Couch oder im Bett. Die Erkältung war nicht sehr stark, ein wenig Husten und Schnupfen, ziemliche Halsschmerzen, aber das war es dann auch schon. Trotzdem fühlte ich mich schrecklich. Ich kam einfach nicht auf die Beine. Selbst der Gang zur Toilette war eine Anstrengung für mich. Ich kam nicht mal alleine zum Arzt, Torsten musste mich fahren. Ich schlief unten in der Stube, da ich die Treppe ins Obergeschoß nicht mehr hochkam. So vergingen zwei Wochen, drei Wochen. Langsam fragte meine Chefin am Telefon, was denn eigentlich los wäre. So lange konnte doch keine Erkältung dauern. Sie hatte mittlerweile noch eine Verkäuferin eingestellt, damit ich in dem großen Geschäft etwas entlastet wurde, wartete aber doch auf meine Rückkehr.

Meine Ärztin war ratlos, alle Werte waren in Ordnung. Auf gut Glück verschrieb sie mir Antibiotika, doch die brachten rein gar nichts. Morgens hatte ich manchmal das Gefühl, es ginge nun endlich aufwärts, doch schon nach kurzer Zeit, kam die Erschöpfung wieder. Ich schlief manchmal den ganzen Tag, kam kaum nach draußen. Mein Körper streikte einfach, er versagte mir sei-

nen Dienst, genauso wie mein Geist. In meinem Kopf herrschte einfach nur noch Leere. Ich konnte nicht lesen, ich wollte mit niemandem reden. Wenn das Telefon klingelte, ging ich gar nicht erst ran.
Nach drei Wochen daheim, bot ich meiner Chefin an, es wieder zu versuchen, wenn ich täglich nur vier Stunden zu kommen brauchte. Ich wollte es einfach probieren, es musste doch gehen. Vielleicht war da ein Punkt, über den ich nur kommen musste. Sofort war sie einverstanden, wir änderten sogar schnell noch meinen Arbeitsvertrag. Ich hatte ihr meine Situation erklärt und sie ging verständnisvoll auf meine Probleme ein. Mit meiner neuen Kollegin sollte ich mich abwechseln, so würde - so musste es einfach leichter werden.

Also ging ich ab dem nächsten Montag für vier Stunden wieder auf Arbeit, wobei gehen der falsche Begriff war - ich schleppte mich hin. Eigentlich hätte ich lieber im Bett bleiben sollen, doch drei Wochen zu Hause waren genug. Mein Kampfeswille war immer noch da, ich wollte unbedingt arbeiten. Vier Stunden, das war nur noch die Hälfte und musste doch zu schaffen sein. Doch es ging nicht. Ich war völlig neben der Spur. Morgens quälte ich mich aus dem Bett, saß dann in meinem Auto, fuhr langsam die zwanzig Kilometer und musste zwischendurch sogar anhalten, weil ich nicht mehr fahren konnte. Ich stand vor der Ampel und suchte mühsam in meinem Inneren nach der Bedeutung der einzelnen Lampen. Wie eine Fahrschulanfängerin betete ich innerlich vor mich her: Kupplung treten, Gang rein, …
Im Laden angekommen ging es weiter. Kunden stellten mir Fragen, doch ich hatte nur Leere im Kopf. Wo war das, aus welchem Material war es, hatten wir noch andere Größen – ich wusste es nicht. Ich sollte Bestellungen machen und brauchte Stunden dafür. Schon nach kurzer Zeit war meine Konzentration vorbei. Die Dekoration der Vitrinen überforderte mich, bei den kleinsten Problemen brach ich in Tränen aus. Auch merken konnte ich mir nichts, völlig simple Dinge vergaß ich ständig. Dabei sollte ich meine neue Kollegin einarbeiten. Zum Glück begriff sie schnell und brachte sich das Meiste selbständig bei.

Am schlimmsten aber war die Kraftlosigkeit. Ich saß hinten auf meinem Stuhl und wollte nur schlafen, vorn ertönte die Klingel,

Kunden kamen. Also quälte ich mich mühsam hoch, straffte mich und versuchte mir nichts anmerken zu lassen. Die Arbeit, die mir immer so große Freude bereitet hatte, war zu einem Schrecken geworden. Mittlerweile hatte ich vor diesem Ton, der neue Kunden ankündigte richtiggehend Angst, Panik stieg in mir auf. Was, wenn sie irgendetwas Schwieriges fragten?

Dennoch sah man mir nichts an, im Gegenteil. Ich sah geradezu blühend aus. Von der Erschöpfung war nach außen nichts zu bemerken. Ich hatte eine ausgesprochen gesunde Gesichtsfarbe, keinerlei Anzeichen von Blässe oder dunklen Augenringen, nichts. Trotzdem bemerkte mein Umfeld langsam, dass etwas nicht stimmte. Mein Wesen hatte sich verändert, ich war nicht mehr lustig, voller Tatendrang, ich wirkte niedergeschlagen, wie als wäre mein Lebensmut entschwunden. Meine gute Laune war nur noch aufgesetzt und dieses Schauspielern kostete sehr viel Kraft, vielleicht weil ich ein schlechter Schauspieler war.

Natürlich litt auch mein Privatleben, zu so vielen Dingen war ich nicht mehr zu gebrauchen. Ich bin sehr froh, dass mein Mann voller Verständnis war, was nicht selbstverständlich ist. Er machte mir immer wieder Mut und versuchte mich aufzubauen. Seine Geduld für mich war geradezu grenzenlos und ich war bestimmt nicht immer einfach. Man merkte mir meine Verzweiflung schon sehr an. Doch ich spürte, dass auch er sich zunehmend Sorgen machte. Ein paar Mal schaffte er mich zu meiner Arbeit und holte mich wieder ab, nur damit ich keinen Unfall baute.
Meine Frauenärztin war ratlos, so suchte ich mir, auf ihre Empfehlung hin, eine Onkologin. Vielleicht wusste eine Spezialistin Rat. Sie jedenfalls konnte mir mit meinen Beschwerden nicht helfen. Doch einen onkologischen Termin zu ergattern war alles andere als leicht. Mehrere Wochen später, konnte man mich erst dazwischen schieben.
Zu Hause blieb alles liegen, ich konnte mich nicht mehr um den Haushalt kümmern und hätte am liebsten den ganzen Tag geschlafen. Auch da half Torsten, er kümmerte sich zusätzlich zu seiner Arbeit, so gut er konnte. Ich kam nach Hause und musste mich hinlegen, ob ich nun wollte oder nicht.
Eine Kundin gab mir einen Tipp und ich suchte eine Heilpraktikerin auf, mittlerweile griff ich nach jedem Strohhalm. Sehr

schnell bekam ich einen Termin. Sie war sehr nett, hörte mir zu, untersuchte mich, konnte mir aber nicht helfen. „Wissen sie, ich weiß nicht was sie haben. Aber es ist fast so, als wolle ihr Körper nicht mehr weiter. Als wäre der Akku leer, so ähnlich wie bei einem Burn-Out, aber bei ihnen ist die körperliche Erschöpfung viel, viel ausgeprägter." Diese Beschreibung fand ich sehr treffend, genauso fühlte ich mich. „Doch egal was es ist, ich kann Ihnen momentan nicht helfen, es tut mir leid." Sie gab mir die Hand und sah mich ernst an.

Von Tag zu Tag wurde mein Zustand schlimmer, mittlerweile wieder so schlimm, wie Anfang Januar während der schlimmsten Phase der Erkältung. Und so saßen wir eines Abends auf der Couch und beschlossen, dass ich meine Arbeit aufgeben sollte, ich schaffte sie einfach nicht mehr. Zumindest für einige Zeit, bis geklärt war, was mit mir eigentlich los war. Ich war mit den Nerven völlig am Ende und es war nur eine Frage der Zeit, bis mir ernsthaft etwas passieren würde. Krankschreiben lassen wollte ich mich nicht, dafür war ich zu anständig. Es gab einfach keine andere Lösung. Ich hatte es im Gefühl, dass die ganze Sache noch eine Weile dauern würde. Mir liefen die Tränen die Wangen herab, endlich hatte ich eine Arbeit und nun das, ich konnte es nicht begreifen.

Gleich am nächsten Morgen, bat ich meine Chefin zum Gespräch. Ich erklärte ihr die Situation, versuchte zu erklären, wie es mir ging und heulte das ganze Gespräch lang. Ob sie mich verstand und begriff, was mit mir eigentlich los war, ich weiß es nicht. Meine Entscheidung überraschte sie sehr, damit hatte sie nicht gerechnet. Ich selbst ja auch nicht. Aber sie bemerkte wohl, dass ich komplett von der Rolle war.
Ich wurde nach Hause geschickt, es war besser so, meine Kollegin kam ein bisschen eher auf Arbeit. Auch sie war sichtlich betroffen und drückte mich zum Abschied lange. In meinem Zustand konnte ich keine Kunden mehr bedienen und so fuhr ich nach Hause. Noch war mir nicht bewusst, dass sich damit auch dieses Kapitel in meinem Leben erledigt hatte.

10. Kapitel

Also war ich wieder daheim. Doch ich haderte nicht, momentan war ich nur froh, dass ich liegen bleiben, mich ausruhen konnte und das Haus nicht mehr verlassen musste. Meine Ärztin schrieb mich ohne Diskussionen krank. Am nächsten Tag suchte ich mit Torsten die Krankenkasse auf und legte meine Krankschreibung zusammen mit der Kündigung vor. Ich hatte mit dem schlimmsten gerechnet, doch der Sachbearbeiter erkannte meine Not und dass ich selbst aus gesundheitlichen Gründen gekündigt hatte. So war ich zumindest erst einmal versicherungstechnisch versorgt. Alles wurde noch einmal von einem internen Arzt überprüft, hatte jedoch seine Richtigkeit. Also, bekam ich wieder Krankengeld gezahlt.
Meine Frauenärztin war bei jedem meiner Besuche ratloser und verwies mich schließlich an einen Neurologen. Er sollte überprüfen, ob bei mir eine Depression oder ein anderes nervliches Leiden vorlag. Auch diesen Termin musste ich mir mühevoll erbetteln. Alles war so anstrengend und für mich doppelt mühevoll.

Schon im Wartezimmer fühlte ich mich zutiefst unwohl. Ich war überzeugt, keine Depression zu haben, im Gegenteil. Der Arzt, war schon älter und sehr freundlich. Er erzählte mir über die Krebserkrankung seiner Frau und das sie ähnliche Probleme wie ich gehabt hätte. Nach einiger Zeit hatte sich die Erschöpfung bei ihr wieder gegeben. Vielleicht sollte ich noch einmal auf eine Kur fahren, dass könnte doch etwas bringen. Bei so einer Reha könnte man auf meine Beschwerden gezielt eingehen. Auf jeden Fall empfahl er mir erst einmal ein Präparat, welches ich nehmen sollte. Einfach um mal zu probieren, wie mein Körper reagieren würde. Er fragte mich auch, ob ich Selbstmordgedanken hätte. Außer das eine Mal, kurz nach meiner Krebsdiagnose, hatte ich daran mich umzubringen, noch nie einen Gedanken verschwendet. Auch jetzt noch, gab es Momente, in denen ich mich durchaus am Leben freute. Ich war glücklich wenn die Sonne schien, wenn es mir etwas besser ging, die Vögel zwitscherten, ein Lieblingslied im Radio kam. Sterben – das war kein Thema, schließlich hatte ich diese ganze Behandlung auf mich genommen, um zu leben. Ich konnte noch Lachen und Spaß haben. Seine ganze Art zu reden, ging mir zunehmend auf die Nerven. Es schien mir, als wollte er mir bestimmte Dinge einreden, aber auf jeden Fall, das verschriebene Medikament.

Das empfohlene Mittel entpuppte sich als Antidepressiva, ich studierte im Internet diverse Seiten und fand die Schilderungen anderer Patienten. Ganz so harmlos wie der Arzt gesagt hatte, schien das Medikament nicht zu sein. Also nahm ich es nicht, die Nebenwirkungen, wie z.B. eine starke Gewichtszunahme schreckten mich ab. Ich schleppte schließlich schon genug Kilos mit mir rum. Am meisten Angst hatte ich aber vor der Abhängigkeit, der Chemie in meinem Körper. So viele Tabletten hatte ich schon genommen, ich wollte nicht noch mehr. Und ich war überzeugt, sie würden nichts bringen. Ich wusste genau, ich habe keine Depressionen. Es einfach mal so zu probieren, dafür war mir das Risiko dann doch zu groß.

Die Tage gingen dahin, an manchen ging es etwas besser. Aber an den meisten fiel mir alles unglaublich schwer. Mittlerweile hatten sich zu meinen Beschwerden noch Halsschmerzen gesellt, am Anfang waren sie ab und zu mal morgens da. Nun aber begleiteten sie mich jeden Tag, manchmal ließen sie nach, aber oft schmerzte mein Hals bis in die Abendstunden. Ich zwang mich jeden Tag, zumindest eine kleine Runde zu laufen. Nur nicht den ganzen Tag einfach so auf der Couch liegen, der Gedanke war furchtbar. Manchmal klappte es, oft aber auch nicht. Ich räumte den Geschirrspüler aus und musste mich anschließend hinlegen. Ich ging die Treppe ins Obergeschoß hinauf und musste mittendrin eine Pause machen. Mein über alles geliebter Garten, wuchs so langsam zu. Ich nahm mir vor, zumindest ein kleines Stück zu jäten, schaffte es aber einfach nicht. Meine Glieder waren bleischwer. Heulend hockte ich vor dem Beet und schlich nach drinnen.
Das Schlimmste war, ich wollte, es war mir nicht egal oder gleichgültig, aber es ging einfach nicht. Je mehr ich wollte, umso schlimmer wurde es. Wir nahmen uns vor meine Eltern zu besuchen, oft drehten wir noch auf dem Hinweg wieder um, weil mich bleierne Müdigkeit überkam. Schafften wir es trotzdem bis

zu ihnen, war ich hinterher so unglaublich erschöpft, als hätte ich sonst was gemacht und mich nicht nur eine Stunde mit lieben Menschen unterhalten.

Noch immer machte ich Pläne, ich lag abends in meinem Bett und nahm mir vor, was ich am nächsten Tag in Angriff nehmen würde. Diese Pläne waren mit den früheren natürlich nicht vergleichbar, sie waren verschwindend klein, fast lächerlich. So in der Art wie: *Ich räume den Geschirrspüler aus und koche uns dann ein leckeres Essen.* Trotzdem konnte ich sie nicht mal annähernd umsetzen. Ich wusste, es wäre besser keine mehr zu machen, doch diese Angewohnheit hatte mich mein ganzes Leben begleitet, sie nun auch noch aufzugeben, war unendlich schwer.
Meine Eltern waren hilflos, auch meine Tochter. Mein gesamtes Umfeld wusste nicht, was eigentlich mit mir los war. Ich selbst wusste es ja nicht und so begann ich schließlich zu recherchieren. Mir blieb auch nichts anderes übrig, da meine Ärzte vollkommen ratlos schienen.

Ich fasste den Beschluss, jeden Tag ein wenig zu suchen, mehr würde ich eh nicht schaffen. Als erstes nahm ich mir die Broschüren vor, die ich vor so langer Zeit zu Beginn der Behandlung bekommen hatte. Sie lagen immer noch so im Schieber, wie ich sie damals hineingelegt hatte. Diesmal arbeitete ich sie gründlich durch. Auch in den selbst gekauften Ratgebern versuchte ich mühevoll zu lesen. Immer wieder musste ich Pause machen, so sehr strengte mich die Recherchearbeit an. Wieder stieß ich auf die Begriffe Erschöpfung und Fatigue, aber sie wurden anders beschrieben. Man erwähnte sie im unmittelbaren Anschluss an Chemo oder Bestrahlung, einen solchen Fall wie meinen, fand ich erst einmal nicht. Jemand der sich wieder gut gefühlt hatte und plötzlich, nach einiger Zeit, unter der Schwäche litt. Trotzdem stimmten die Symptome mit meinen ziemlich überein. Dann setzte ich mich an den Computer und landete als erstes auf einer Ratgeberseite, wo mir ein Name ins Auge fiel. Es war eine Seite über psychologische Hilfe während Krebserkrankungen und dort stand die Adresse einer Psychoonkologin in Dresden, also einer Psychologin, die sich speziell nur mit Krebskranken befasste. Sie betreute Patienten während, aber auch nach der Behandlung. Ich telefonierte mit ihr, schilderte meine Probleme und bekam schon

eine Woche später meinen ersten Termin. Alles wollte ich versuchen, um eine Erklärung für meinen Zustand zu bekommen. Immer noch steckte die Angst in mir, dass die Erschöpfung von einem Rückfall des Krebses herrührte, einer Metastase, die man vielleicht noch nicht entdeckt hatte. Vielleicht konnte man mir dort weiterhelfen oder Strategien an die Hand geben.
Dann suchte ich im Internet weiter und stieß in irgendeinem Forum auf die Schilderung einer Fatigue-Patientin. Ich saß wie erstarrt und las den Artikel immer und immer wieder. Das war es, diese Frau schrieb genau über mich. Alles stimmte überein, die Krankheit Krebs, die Chemo und Bestrahlung, die langsame Rückkehr ins Leben, die Stabilisierung und der plötzliche komplette Einbruch – Fatigue-Syndrom stand dort, also doch, da war er wieder dieser Begriff. Nun hatte ich etwas, an dem ich mich orientieren und festhalten konnte. Aber weiter kam ich auf dieser Seite nicht. Es war nur ein Eintrag und nichts weiter, nicht mal Kontaktdaten waren angegeben.
Ich wandte mich an die Deutsche Fatigue Gesellschaft und führte ein langes Telefonat mit einem Spezialisten. Er war zurückhaltend, was meine Symptome betraf und riet dringend, mir vor Ort eine kompetente Unterstützung zu suchen. Aus der Ferne, konnte er leider zu wenig für mich tun. Dennoch war das Gespräch hilfreich für mich.
Die weiteren Recherchen verschob ich auf später, ich wollte erst einmal den Termin bei der Psychologin abwarten.

Eine Woche später fuhr Torsten mich zu ihr. Sie war eine nette Frau, etwas zurückhaltend und sehr ruhig. Das Behandlungszimmer lag im Dachgeschoß ihres Hauses und der bloße Aufstieg schaffte mich ziemlich. Bei der ersten Sitzung schilderte ich ihr meine Probleme, meinen Krankheitsverlauf und sie hörte sich alles an. Anscheinend war dies nichts Neues für sie, dass merkte ich an den Fragen, die sie stellte. Sie gab mir kleine Tipps, bestärkte mich, meine Belastung langsam zu erhöhen und wir verabredeten uns in zwei Wochen zum nächsten Termin. Diese Frau war die Erste, die mir nicht das Gefühl gegeben hatte, ich würde mir alles nur einbilden. Ich sprach mit ihr auch über meine Recherchen und den Fatigue-Begriff, doch sie hielt sich mit ihren Aussagen dazu erstmal zurück. Hier hatte ich auf jeden Fall das Gefühl, endlich ein Stück weiter zukommen. Auch sie sprach mit mir über die Möglichkeit einer Einnahme von Antidepressiva und das diese Mittel mir eventuell helfen könnten. Doch ich sträubte mich, ich wollte diese Medizin nicht einnehmen.

Wir nutzten die Zwischenzeit und fuhren noch einmal eine Woche an die Ostsee, dahin, wo es mir früher immer so gut gegangen war. Mittlerweile war es Frühjahr geworden. Die Natur erwachte ganz langsam zum Leben und ich hatte gehofft, dass das Frühjahr auch mich beleben und mir Kraft geben würde. Wir nahmen uns eine kleine Ferienwohnung auf Usedom in Bansin, der Strand lag gleich um die Ecke. Es war außerhalb der Saison, relativ ruhig und das Wetter traumhaft. Die Wohnung war klein, kuschelig und gemütlich. Jeden Tag liefen wir langsam am Meer entlang, wenn ich nicht mehr weiterkonnte, setzten wir uns auf die mitgebrachten Decken und ruhten uns aus. Wir wollten so viel wie möglich Ruhe und Entspannung in diese Tage bringen. An einem Morgen nahmen wir uns vor, bis zum nächsten Ort zu laufen, also eigentlich nahm ich es mir vor. Die kleinen Häuschen sahen wir immer aus der Ferne, dort sollte es eine gute Fischgaststätte geben. Es war nicht weit, für einen normalen Menschen locker zu schaffen. Pläne zu machen war nicht gut für mich, dass spürte ich sofort. Es ging mir schlecht an diesem Morgen, die Glieder waren bleischwer und ich war schrecklich müde. Trotzdem hielt ich verbissen an diesem Plan fest und sagte Torsten nichts von meiner Schwäche. Auf der halben Strecke war es aus und wir mussten abbrechen. Mittlerweile spürte auch er sofort, wenn ich nicht mehr konnte. Es ging keinen Schritt mehr weiter, also packten wir wieder unsere Decken aus und saßen im Sand. Mir kamen die Tränen, nicht mal dieses lächerlich kleine Stück schaffte ich noch. Wie weit war ich früher gelaufen, was hatte ich alles unternommen. Menschen liefen an uns vorbei, leicht und locker, ihnen fehlte nichts. Ich haderte mit meiner Situation.

Doch mir wurde langsam eines immer bewusster. Es war besser jeden Tag einfach so zu nehmen, wie er war. Das Plänemachen musste ich endlich aufgeben, es brachte nichts. Ich musste versuchen mehr auf meinen Körper zu hören, versuchen zu erspüren, wie es sich anfühlte, wenn eine neue Erschöpfungswelle heranrollte. Gab es vielleicht im Vorfeld etwas, machte ich irgendwelche Sachen, die die Schwere herbeiführten? Wie waren die Anzeichen, wie ging es los? Gab es etwas, dass mich warnte? So recht kam ich mit meinen Überlegungen nicht weiter, doch ich spürte, dass ich damit auf dem richtigen Weg war. Es ging um mein Innerstes, darum auf meinen Körper zu hören. Es ging darum, mich endlich auch an kleinen Erfolgen zu freuen, dass war einfacher gesagt als getan. Aber enorm wichtig, damit ich nicht komplett meine Zuversicht verlor.

So wurden es trotzdem noch schöne Tage, an die ich gerne zurückdenke, auch weil ich es dort schaffte, mein Denken ein klein wenig neu auszurichten.

11.Kapitel

Eines Tages fand ich einen Brief von meiner Krankenkasse im Briefkasten. Nichtsahnend öffnete ich ihn. Es dauerte einen Moment, bis ich die geschriebenen Zeilen verstand. Man teilte mir mit, dass mein Krankengeldbezug in einigen Wochen auslaufen würde. Die 78 Wochen waren herum. Die jetzige Erkrankung war ja auf den Krebs zurückzuführen und wurde daher voll mit in die alte Geschichte eingerechnet.
Man gab mir die Empfehlung, wenn mit einer Besserung nicht zu rechnen war, eine Rente zu beantragen. Rente – dieser Begriff war so unglaublich weit weg von mir gewesen. Noch nie hatte ich ihn auf dem Schirm gehabt. Rente bekamen alte Leute, deswegen hießen sie ja so - Rentner. Nun schien sie momentan die einzige Option für mich zu sein. Denn an arbeiten gehen, war überhaupt nicht zu denken. Ich musste bezüglich dessen unbedingt etwas unternehmen, ging es doch auch um meinen Versicherungsschutz.
Also ließ ich mir die Anträge von der Rentenversicherung zuschicken. Der Packen ernüchterte mich. Büroarbeit war nie ein Problem für mich gewesen. Ich hatte einige Zeit als Sachbearbeiterin gearbeitet und auch in meinem Laden sämtlichen Papierkram und die Buchhaltung komplett selbst erledigt. Schon nach kurzer Zeit musste ich kapitulieren, ich würde es nie schaffen all diese Formulare selbst auszufüllen.
So vereinbarte ich einen Termin bei der Rentenversicherung und füllte die ganzen Formulare zusammen mit einer Sachbearbeiterin aus, also eigentlich schrieb sie und ich gab nur Auskunft, so gut ich konnte, was für mich schon schwer genug war. Sie war sehr freundlich, überaus nett und geduldig. Nach einer Stunde hatten wir es geschafft, nun hatte ich also einen Rentenantrag gestellt.

Ein zweiter Gang lag noch vor mir, für alle Fälle musste ich mich auch beim Arbeitsamt melden. Also wieder auf diese Behörde, die ich eigentlich nie mehr hatte betreten wollen. Kraftlos betrat ich das Gebäude und fand mich zunächst zwischen unzähligen anderen Wartenden wieder. Auch hier übergab man mir einen Stapel Formulare, die dann aber eine Dame zusammen mit mir ausfüllte. Und man war ratlos, mit meinem Sachverhalt konnte erst einmal niemand etwas anfangen. Ich wollte mich nur registrieren, für den Fall, dass ich keine Rente bekommen würde. Aber Arbeit suchte ich nicht, ich war ja krank und konnte gar nicht arbeiten. Es ging auch nicht vordergründig um monatliche Geldzahlungen, es ging mir um meinen Versicherungsschutz. Wenn das Krankengeld eingestellt wurde, musste es ja weitergehen. Mehr schlecht als recht schickte man mich herum und ich sah in einige ratlose Gesichter. Eine Sachbearbeiterin wusste dann schließlich genau, was in meinem Fall zu tun war und wie ich ins System eingegeben werden musste. Sie war sehr nett und bemüht und leider eine der Ausnahmen. Diese Behördengänge kosteten mich furchtbar viel Kraft, musste ich doch viele Antworten mühsam in meinem Inneren suchen, Antworten die eigentlich total simpel waren, Manchmal kam ich mir vor, als hätte ich wirklich eine psychische Erkrankung.

Immer noch ging ich aller zwei Wochen zu meiner Psychoonkologin. Sie konnte nicht viel für meine Genesung tun, aber gab mir viele wertvolle Tipps, für den täglichen Umgang mit meiner Erschöpfung. Es ging um Achtsamkeit, auf seinen Körper zu achten und die Signale die er aussandte zu deuten. Genau das, was ich mir auf Usedom schon überlegt hatte.
Eine der Übungen zielte darauf, den eigenen Zustand richtig einzuschätzen, sozusagen eine Momentaufnahme zu erstellen. Es gab eine Scala von eins bis zehn und man ordnete dem eigenen Befinden eine Nummer zu. Man hörte intensiv in sich hinein und schaffte es damit, die eigenen Grenzen besser zu erkennen. Diese Übung machte ich häufig, öfters mal am Tag, einfach so zwischendurch, schob ich eine kleine Momentaufnahme ein und horchte in mich hinein.

Und noch einen weiteren Vorschlag unterbreitete sie mir. In nächster Zeit würde eine Gesprächsrunde von insgesamt vier Frauen bei ihr starten. Alle litten an Krebs, bzw. hatten diese Erkrankung durchgemacht. Es ging darum, Parallelen zu finden, sich gegenseitig Mut zuzusprechen und auszutauschen. Wir würden verschiedene Themen durchsprechen, welche – das wurde gemeinsam entschieden. Ich fand diese Idee gut, stimmte zu und war in der Gruppe. Es vermittelte mir ein Gefühl, mit meinen Beschwerden nicht allein zu sein.

Zwischenzeitlich war dann endlich der Termin bei der Onkologin. Ich war nicht bei der Ärztin selbst, sondern bei einem ihrer Kollegen. Das war mir an sich egal, da ich ja sowieso keinen von ihnen kannte. Der Arzt entpuppte sich als schon etwas älter und war mir vom ersten Augenblick unsympathisch. Das war damals bei meinem Lieblingsarzt im Krankenhaus auch so gewesen, doch diesmal blieb die Antipathie bestehen. Wieder schob er die üblichen Untersuchungen an, es wurden also die Organe, Lunge aber auch die Knochen gecheckt. Auch meine Blutwerte wurden noch einmal kontrolliert. Schon ein paar Tage später, war die Auswertung. Ich nahm Torsten als moralische Unterstützung mit, auch für den Fall, dass ich dem Arzt eventuell aus Konzentrationsgründen nicht mehr folgen konnte, etwas was mir leider in letzter Zeit immer häufiger passierte.
Ich muss sagen, diesen Termin, werde ich wohl niemals in meinem Leben vergessen. Wie erwartet, hatten die Befunde nichts ergeben, rein gar nichts. Das war auf eine Art gut, gab es doch keinerlei Anzeichen für Metastasen oder andere körperliche Ursachen für meine Schwäche. Ich war also rein organisch gesehen, gesund. Auf die andere Art war es schlecht, denn der Arzt meinte trocken, ich hätte nichts, würde mir alles nur einbilden und sei eine Simulantin.
„Wissen Sie, solche Menschen wie sie, sitzen oft vor meinem Schreibtisch. Sie überlegen jeden Tag aufs Neue, welche Beschwerden sie denn heute mal haben könnten. Und alles nur, um sich ihren Hintern zu Hause platt sitzen zu können. Vielleicht sollten sie auch mal eine Abnahme in Angriff nehmen, wenn man so aussieht wie sie, muss man sich nicht wundern." Süffisant lächelnd beugte er sich zu mir vor.
Diese Sätze überraschten uns beide, so sehr, dass ich sprachlos war, sie erwischten uns sozusagen kalt. Auch Torsten war verblüfft. Doch der Arzt sprach noch weiter, er meinte, ich wolle mir nur eine Rente erschleichen, sollte mich zusammen nehmen und endlich wieder arbeiten gehen. Außerdem würde ich blendend aussehen und vor Gesundheit geradezu strotzen.

Meine Argumente, doch nach der Krankheit wieder gearbeitet zu haben, es versucht zu haben, wiegelte er mit einem müden Lächeln ab. Außerdem war die Rente nicht auf meinem Mist gewachsen, sondern mir von Seiten der Krankenkasse nahegelegt wurden. Auch das tangierte ihn in keiner Weise. Ich wies ihn auf den Verdacht Fatigue-Syndrom hin. Diese Krankheit existierte für ihn gar nicht, jeder fühle sich schließlich einmal schwach und der Rest war nur eine Einbildung von arbeitsscheuen Menschen. Als er mir dann noch vorwarf eine Sozialschmarotzerin zu sein, war Schluss.
Ich erhob mich, zog Torsten mit und verließ ohne ein weiteres Wort mit knallender Tür das Arztzimmer. Mir schossen die Tränen in die Augen, doch vor diesem Mann wollte ich nicht weinen. Draußen erwartete mich bereits eine Arzthelferin, ich weiß nicht, ob sie gelauscht hatte, sie sah auf jeden Fall äußerst betroffen aus. Sie nahm mich erstmal in den Arm und bugsierte mich ins Labor. Dort bekam ich eine Packung Taschentücher, ein Glas Wasser und musste mich auf die Pritsche setzen. Ich war vollkommen außer mir, konnte nichts sagen und schluchzte nur. Torsten hatte man vor die Tür geschickt, er musste erstmal eine Rauchen, sonst wäre dem Arzt vermutlich etwas passiert. Die Schwestern versuchten alles um mich zu beruhigen. Mittlerweile war das komplette Praxispersonal um mich herum versammelt. Alle waren betroffen und suchten nach Entschuldigungen. Leider war die Chefin im Urlaub, so konnte an diesem Tag nichts geklärt werden. Für mich stand aber schon fest, dass man mir hier nicht helfen konnte und ich betrat die Praxis nie wieder.

Zum Glück hatte Torsten mich begleitet, ansonsten wäre ich vermutlich vor lauter Schock nicht nach Hause gekommen. Wir setzten uns vor dem Ärztehaus auf eine Bank und holten erst einmal tief Luft. Das war ein schwerer Schlag für mich, nicht allein, dass keiner mir irgendwie helfen konnte, diese Erniedrigung gerade war der absolute Gipfel gewesen. Ich war nahe dran an die Ärztekammer zu schreiben, ließ es dann aber bleiben. Zu irgendwelchen Diskussionen fehlte mir schlicht und ergreifend die Kraft. Ich brauchte sie für andere Dinge, als diese sinnlosen Streitigkeiten.

Wieder einmal war ich überzeugt davon, mir nur selbst helfen zu können. Und so erinnerte ich mich in den nächsten Tagen, an eine Idee, auf die ein Arzt mich vor einiger Zeit gebracht hatte.

12. Kapitel

Dieser Arzt sprach während meiner Kur darüber, wie hilfreich Tiere in einem Heilungsprozess sein konnten. Nun hatten wir schon ein Tier, unseren Kater Heinz, doch der war wie Katzen eben nun mal so sind. Er kam wann er wollte und ging seiner Wege, auch wie er wollte, kurz gesagt, er hatte seinen eigenen Kopf.

Ich begann im Internet nach einem Hund zu suchen. Zuvor hatten wir sehr lange darüber diskutiert, was es bedeutete. Es ging um die Verpflichtungen, die ein Hund so mit sich brachte. Man war gebunden, man musste Gassi gehen, konnte nicht mehr einfach so machen, wie man wollte. Wir wogen Vor- und Nachteile gegeneinander ab. Denn auf der anderen Seite, würde ich müssen. Vielleicht war ein wenig Druck nicht verkehrt und ich würde so wieder schneller auf die Beine kommen. Aber es würde mich ganz sicher auch Kraft und Energie kosten, dies galt es nun gegeneinander abzuwägen. Meine Eltern waren entsetzt, ich würde mich vollkommen übernehmen, sollte mich lieber nur um mich kümmern. Doch ich wollte einen Hund – egal was andere Leute sagten.

Ganz in unserer Nähe wurde ich schließlich fündig und an einem Samstag machten wir uns auf den Weg. Wir hatten ein Foto der kleinen Fellbündel im Internet gesehen und uns vorab für eines davon entschieden. Leider war der kleine Rüde schon verkauft und nur noch zwei der Mädchen übrig. Wir ließen einfach alles auf uns zukommen.

Die Züchterin führte uns in den Raum, in dem die Wurfkiste mit einem kleinen Auslauf stand. Mehrere Babyhunde wuselten darin herum. Plötzlich löste sich einer der kleinen von seiner Mama und kam auf uns zu gewackelt. Und da wussten wir, das war unser Hund. Ein kleines Mädchen und es sollte Paula heißen. Torsten nahm sie auf den Arm und sie kroch vor lauter Begeisterung in seinen Ärmel und kaute auf den Jackenknöpfen herum.

Um mich war es geschehen, glücklich hielt ich den Kleinen auf dem Arm.
Vier Wochen später war sie groß genug und wir durften unsere Paula nach Hause holen. Sie war ein kleiner Mischling, der Papa ein Rauhhaardackel, die Mama ein Bolonka Zwetna. Ab da wurde Paula zu meinem Seelenhund, sie war so unglaublich treu und klug, wie ich es kaum beschreiben kann. Sie spürte, so klein sie auch noch war, wenn es mir nicht richtig gut ging. Lag ich auf der Couch, an einem der weniger guten Tage, kuschelte sie sich ganz eng an mich und rührte sich nicht. Wenn wir an meinen schlechten Tagen nur kleine Gassi-Geh-Runden drehten konnten, lief sie ganz langsam, zerrte nicht an der Leine und erledigte ihre kleinen Geschäfte so schnell wie möglich. An den besseren Tagen liefen wir an der Elbe entlang und ich freute mich über ihre Freude. Für das wilde Herumtoben war Torsten zuständig, auch dies begriff unsere kleine kluge Hundedame sofort.
Sie machte auch Arbeit, sicher, doch bis heute, haben wir es nicht eine Minute bereut uns dieses kleine Wesen geholt zu haben. Die Bereicherung wog alle Mühen auf. Sie tat mir einfach so unendlich gut und allein dies, war alles andere wert. Ich war gezwungen, mich jeden Tag zu bewegen, auch wenn es nur eine kleine Runde war. Und meine Eltern lieben sie mittlerweile über alles.

An meinem Zustand änderte sich nichts, leider auch nicht durch unser neues Familienmitglied. Ich lernte nur etwas besser mit allem umzugehen. Es gab sehr schlechte Tage, an denen schlicht und einfach gar nichts ging. Es gab etwas bessere Tage und sehr wenige gute Tage. An den guten Tagen war ich sehr weit von meiner alten Kraft entfernt, trotzdem konnte ich Dinge tun, die an den schwachen Tagen nicht gingen. Ich versuchte immer, diese guten Tage zu genießen, dankbar zu sein, dass es sie gab. Aber ich versuchte auch, mich nicht zu übernehmen. Schoss ich an den guten Tagen über das Ziel hinaus, bekam ich in den nächsten Tagen die Quittung dafür doppelt und dreifach. Also galt es zu lernen, sich seine Kräfte genau einzuteilen. Etwas, das viel einfacher klang, als es letztendlich umzusetzen war.

Mittlerweile hatten bei meiner Psychoonkologin die Gruppentreffen begonnen. Wir waren vier sehr unterschiedliche Frauen, mit ganz verschiedenen Geschichten und Herangehensweisen an die

Krankheit. Ich war diejenige, wo die Krebserkrankung am weitesten zurücklag. Bei den anderen war gerade erst die Bestrahlung oder Chemo durch und sie kämpften noch mit ganz anderen Problemen. Über meinen Zustand waren jedoch alle Frauen sichtlich erschrocken, auch wenn ich darüber nicht so ausführlich sprach. Ich wollte keine von ihnen verunsichern. Bei jedem Treffen sprachen wir über ein vorher festgelegtes Thema, wenn sich plötzliche Ereignisse ergaben, so hatten die immer Vorrang. Wenn also jemand große Sorgen hatte, kamen die als Erstes auf den Tisch. Es war interessant, dass wir gegenseitig die Dinge oft aus einer vollkommen anderen Perspektive sahen, als unsere Therapeutin.
Mir gaben diese Begegnungen sehr viel, auch wenn mein Anfahrtsweg weit war. Deshalb konnte ich nur kommen, wenn es mir einigermaßen ging oder mich Torsten fahren konnte. Einige der Strategien, die ich dort lernte, wende ich heute noch an und bin unendlich dankbar, dass ich sie lernen durfte. Vielen habe ich davon schon erzählt und ich weiß, dass auch andere mittlerweile damit arbeiten.

Eine war es, Linsen oder Erbsen in die Jackentasche zu stecken. Und jedes Mal, wenn man eine schöne Begegnung, einen tollen Moment oder etwas Besonderes erlebt oder geschafft hatte, eine Erbse von der einen, in die andere Tasche wandern zu lassen. Oder zu Hause in ein schönes Glas zu stecken. Abends zählte man dann die zusammengekommenen Kugeln. Dadurch wurde einem bewusst, wie viele schöne Momente, man trotz aller Probleme noch hatte. Es war nicht alles schlecht, die Erschöpfung beherrschte einen großen Teil des Lebens, sicherlich, aber noch nicht alles.
Dann führte ich einen Kalender und das mache ich bis heute noch. Er hängt in meiner Küche und ich sehe ihn jeden Tag. Er ist mit Punkten versehen, ein grüner Punkt steht für einen richtig guten Tag, ein gelber für einen, der so einigermaßen okay ist. Der rote Punkt ist den schlechten Tagen vorbehalten. Die roten sind immer noch in der Mehrzahl, aber es gibt doch auch gelbe und grüne, das sind die wichtigen Tage, die einen aufrichten und Kraft geben. Wichtig ist es, die Farbe des Tages erst am Abend festzulegen, den so mancher Tag der mit Rot startete, wurde später noch zu einem gelben Tag.

Wieder flatterte Post von der Rentenversicherung ins Haus. Ich musste zu einem Gutachter, bezüglich der Beurteilung für die Rente. Voller Sorge fuhr ich zu diesem Termin und ich sollte mich nicht täuschen. Der Arzt hatte keinen guten Ruf, das hatte ich im Internet vorab schon gelesen. Und genauso verlief das Gespräch, Torsten musste draußen warten und durfte nicht mit hinein, obwohl ich mehrfach darum gebeten hatte. Alles in allem sagte der Arzt dasselbe, wie damals der Onkologe. Bevor er richtig beleidigend werden konnte, verließ ich den Raum und brach die Begutachtung ab.
Sofort, nachdem ich zu Hause war, rief ich bei der Rentenversicherung an, um mich zu beschweren. Kein Mensch, der eine solche Erkrankung durchgemacht hat, braucht sich beleidigen und erniedrigen zu lassen. Eine Lektion, die ich mittlerweile gelernt hatte, war es mich zu wehren und durchzusetzen, auch wenn es viel Kraft und Überwindung kostete. Es ging um meine Zukunft, meinen Körper und meine Absicherung. Ich schilderte einer sehr netten Dame den Gesprächsablauf und spürte, dass sie sichtlich erschüttert war. Wie ich zwischen den Zeilen mitbekam, war der Arzt schon mehrfach unangenehm aufgefallen, doch man hatte schlicht und einfach keinen anderen hier in meiner Umgebung. Diese Aussage empfand ich als Armutszeugnis und ich empfinde es auch heute noch so. Sie notierte sich trotzdem meine Beschwerde und versprach sich zu kümmern.
So bekam ich kurze Zeit später wieder Post. Diesmal durfte ich mich bei einer Gutachterin in Dresden vorstellen. Ich war sehr aufgeregt und mir war richtiggehend schlecht. Ich hoffte, nicht wieder an einen so unfreundlichen Arzt zu geraten. Zu Beginn musste ich verschiedene Formulare ausfüllen, da kam mir meine Konzentration wieder in die Quere. Ich erledigte alles so gut es eben ging und bestand darauf, Torsten mit ins Sprechzimmer zu nehmen. Die Ärztin hatte nichts dagegen, im Gegenteil, selbstverständlich durfte mein Mann mit hinein. Dies ist ein Tipp, den ich allen Betroffenen gebe. Wann immer es um wichtige Dinge geht, Gutachten, Gespräche, usw. nehmen sie sich einen Zeugen, einen Menschen, dem sie vertrauen mit hinzu. Ich kann es nur wärmstens empfehlen, denn vier Ohren hören auch mehr wie zwei. Bestehen sie einfach darauf, niemand darf es ihnen verwehren.

Die Ärztin war voller Verständnis für meine Situation. Dennoch empfahl sie mir, noch einmal zu einer Kur zu fahren. Dies würde mir auf keinen Fall schaden, im Gegenteil, es könnte sehr hilfreich für mich sein. Sie fragte viel zu meinem Tagesablauf, ließ sich ausführlich den Moment schildern, in dem die Erschöpfung zuschlug. Kurz gesagt, ich fühlte mich bei ihr verstanden und auch angenommen. Zum Abschluss sagte sie mir, was sie der Rentenversicherung schreiben würde. Sie befürwortete eine Kur, konnte aber über meinen Zustand keine weiteren Prognosen abgeben. Aus organischer Sicht war ich gesund.

Eine Kur - eigentlich hatte ich nicht mehr auf eine Kur gewollt und ich wusste auch nicht, was sie mir bringen sollte. Trotzdem versuchte ich, mich mit dem Gedanken vertraut zu machen und begann zu recherchieren, welche Kureinrichtung mit welchem Programm für mich mit meinen Symptomen am geeignetsten wäre. Wenn ich schon fahren würde, dann sollte es etwas sein, wo ich meine drei Wochen nicht einfach so absaß. Schon nach kurzer Zeit stieß ich auf Bad Elster, speziell die Paracelsus-Klinik und mein Entschluss stand fest, wenn Kur, dann nur nach Bad Elster. Die Bewertungen anderer Patientinnen waren fast durchweg positiv und auch meine Psychoonkologin bestärkte mich in meinem Plan.
Tatsächlich flatterte mir ein Kurvorschlag ins Haus. Man wollte mich wieder nach Bad Schmiedeberg schicken, wo ich die erste Reha-Maßnahme verbracht hatte. Doch dort wollte ich auf keinen Fall hin, ich wusste, man könnte mir dort nicht helfen. Ich wäre hinterher genauso schlau wie vorher und kein Stück weitergekommen. Also lehnte ich ab und brachte Bad Elster und eine ganz spezielle Kur auf den Tisch.
Diese Maßnahme nannte sich SPOR und sie war speziell für Patienten gemacht, die nach einer Krebserkrankung mit psychischen Problemen, aber auch mit Erschöpfung zu kämpfen hatten. Ich war im Internet auf dieses Programm gestoßen. Sein Inhalt sprach mich an. Mir war auch bekannt, dass die Plätze dafür begehrt und dementsprechend rar waren und so stellte ich mich innerlich schon auf einen ziemlichen Kampf ein. Zu meinem Erstaunen bekam ich dafür aber sofort eine Zusage der Rentenversicherung.

Schon zwei Wochen später war es soweit. Ich hatte noch einmal ein Einzelgespräch mit meiner Psychoonkologin und sie bereitete mich auf die Kur so gut vor, wie sie nur konnte. Sie gab mir gute Tipps, wie ich die Behandlungen am besten absolvieren könne und wie ich mir meine Kräfte optimal einteilen könnte.
„Übernehmen Sie sich nicht, sagen Sie, wenn Sie etwas nicht schaffen. Zwingen Sie sich zu nichts."
Zwar fuhr ich auch diesmal nicht mit reiner Begeisterung hin, aber es war nicht so schwer wie in Bad Schmiedeberg.
Uns so rollten wir eines Morgens über die Autobahn Richtung Vogtland. Mittlerweile war es Herbst geworden, die Bäume waren bunt gefärbt oder hatten ihre Blätter schon ganz abgeworfen. Unser Ziel lag hoch oben auf dem Berg, wir fuhren durch den kleinen Kurort und steuerten den modernen Bau auf dem Hügel an. Die Rezeptionistin nahm mich freundlich in Empfang und wies mir mein Zimmer zu. Wieder verabschiedete Torsten sich von mir - vier Wochen war ich von zu Hause fort. Wir wussten beide, diese Kur war momentan meine einzige Chance. Und wieder war ich traurig, vor allem, als ich ihn mit hängenden Schultern davon schleichen sah.
Ich bekam ein gemütliches Zimmer, in dem ich mich sofort wohlfühlte, überhaupt gefiel mir die gesamte Klinik ausgesprochen gut. Der Blick ging weit über das Tal und Richtung Wald. Ich packte meine Sachen aus und dann musste ich auch schon zu meinem Aufnahmegespräch. Es dauerte sehr lange, fast zwei Stunden, trotzdem hatte ich bei allem was ich hier tat, ein gutes Gefühl. Die Ärztin nahm sich sehr viel Zeit, fragte mich ausführlich zu meinen Beschwerden und notierte sich unheimlich viel zu meinen Symptomen. In den nächsten Stunden würde ein Behandlungsplan für mich erstellt werden, den ich morgen in meinem Schließfach finden würde.
Gegen Abend war eine Klinikführung angesetzt, vorher wurde unsere kleine Truppe persönlich von der Klinikleitung begrüßt. Wir bekamen eine Einweisung in bestimmte Abläufe. Die einzelnen Räumlichkeiten, wo die Behandlungen stattfanden wurden erklärt, dann war Zeit zum lockeren Kennenlernen. Drei der Frauen waren mir besonders sympathisch und für die nächsten Wochen worden wir ein unzertrennliches vierblättriges Kleeblatt. Wir nahmen zusammen die Mahlzeiten ein und verabredeten uns jedes Mal, damit keine von uns allein essen musste. Am Wo-

chenende zogen wir zusammen los, gingen spazieren, Kaffee trinken und verbrachten unzählige lustige Abende. Ein paar Mal besuchten wir auch das zauberhafte Theater, welches unten im Ort lag und erlebten schöne Vorstellungen. Wenn ich ehrlich war, so empfand ich es als heilsam, mal aus dem üblichen Trott zu kommen und andere Dinge zu sehen und zu hören. Es gab bei uns einfach immer etwas zu lachen oder zu bereden. So unterschiedlich wir waren, soviel verband uns trotz allem. Ich war die Einzige von ihnen, die mit einer schweren Erschöpfung zu kämpfen hatte, doch alle passten sich mir an. Wenn wir unterwegs waren, liefen wir halt ein wenig langsamer oder machten öfters mal eine Pause. Sie hatten ihre Geschichte und vielleicht mit ganz anderen Einschränkungen zu kämpfen wie ich.

Überhaupt war das eine Erkenntnis, die ich durch die Erkrankung gelernt hatte, es brachte nichts, sich mit anderen zu vergleichen. Kein Mensch hatte dieselbe Geschichte erlebt wie ich. Es würde immer Menschen geben, die alles besser wegsteckten, keine Nebenwirkungen hatten, einfach wieder problemlos in ihr altes Leben zurückfanden. Und es gab Menschen, denen es noch viel schlechter ging. Man sollte über niemanden urteilen, sich zu niemandem äußern, schon gar nicht negativ. Und vor allem sollte man nicht von sich auf andere schließen. In keinen anderen Menschen kann man hineinschauen, seine Beschwerden empfinden. Wir hatten uns zusammengefunden, ohne jegliche Vorurteile, wir kannten unsere Geschichten, aber bewerteten sie nicht. Noch heute denke ich voller Freude an herrliche Stunden zurück, die mir sehr viel Kraft gaben. Und noch immer halten wir alle Kontakt zueinander.
Das SPOR-Programm, auf welches ich mich so sehr gefreut hatte, wurde nach kurzer Zeit leider eingestellt. Es gab Probleme mit den Teilnehmern. Eigentlich war das Ziel ein Miteinander aller Beteiligter gewesen, doch eine Teilnehmerin drängte sich derart in den Vordergrund, dass keine konstruktive Arbeit in der Gruppe möglich war. Sie beanspruchte den kompletten Raum für sich, ich fühlte mich, als ob sie mir die Luft zum Atmen nahm. Das Therapeutenteam empfand es ähnlich und so zog man einen Schlussstrich. Ich bedauerte dies sehr, hatte ich mich doch besonders auf die spezielle Ausrichtung gefreut, die perfekt zu meiner persönlichen Situation passen würde. Doch ein Neustart war nicht mög-

lich und nun war ich ja einmal hier, also galt es das Beste daraus zu machen. Die Klinik gab wirklich alles, um so viel wie möglich aus dem SPOR-Programm in meinen Aufenthalt zu übernehmen und war unglaublich bemüht.

Also verbrachte ich nun vier normale Kurwochen in Bad Elster, die angefüllt waren mit Sport, psychologischen Beratungen, Behandlungen, Vorträgen und vielem anderem mehr.

Leider bekam ich gleich am Anfang einen Harnwegsinfekt, mal wieder. Ich litt sehr häufig darunter, kleinste Erkältungen oder Verkühlungen, warfen mich immer gleich komplett aus der Bahn. So wurde mein Programm gekürzt und die geliebte Wassergymnastik gestrichen. Das bedauerte ich sehr, war ich doch so gerne im Wasser, weil ich mich dort unglaublich wohlfühlte.

Trotzdem fiel mir das Absolvieren meines Behandlungsplanes unglaublich schwer. Nach einer Woche zog ich die Reißleine und bat um ein Arztgespräch. Ich brauchte unbedingt Pausen zwischen den Behandlungen, sonst würde ich das Programm nicht schaffen. Also wurde wieder gestrichen, so lange, bis ich gut damit zu Recht kam.

Sehr hilfreich für mich waren die psychologischen Runden. Ich hatte Einzelgespräche, aber auch Gruppenrunden. Der Psychologe war ein sehr junger Mann, doch unglaublich einfühlsam. Zusammen arbeiteten wir meine gesamte Krankheits- und Lebensgeschichte auf und ich sah viele Dinge plötzlich klarer. Bestimmte Abläufe und Denkweisen wurden mir plötzlich bewusst, Denkweisen, die teilweise in meiner Kindheit begründet waren. Mir wurde bewusst, dass es mein allergrößtes Bestreben war zu funktionieren, immer mein Bestes zu geben. Persönliche Schwäche, dies machte mir sehr zu schaffen, damit konnte ich nicht umgehen. Mein Scheitern, mein Nichtkönnen, betrachtete ich als Versagen. Ich versuchte mich zu zwingen, ich wollte es einfach schaffen, ich wollte über einen bestimmten Punkt kommen. Je mehr ich es wollte, umso schwerer fiel es mir. Ich war in einem Teufelskreis aus Hadern und persönlichen Vorwürfen. Aus diesem Kreis musste ich unbedingt rauskommen. Ich musste es schaffen, meine momentane Situation anzunehmen. Und dies nicht Hauruck, sondern langsam und Stück für Stück. Aber vor allem musste ich mein chronisches Planen aufgeben und lernen, die tägliche Situation einzuschätzen und dann das Allerbeste daraus zu machen. Und wenn einen Tag nichts ging, dann ging eben nichts.

Ich muss ehrlich sagen, dies alles sagt sich sehr leicht. Doch auch heute, habe ich damit noch meine Probleme. Jahrelange innere Strukturen kann man eben nicht von heute auf morgen ablegen. Aber hier, allein und weg von zu Hause, wurden die Dinge plötzlich klarer.

13. Kapitel

Als Kind hatte ich es nicht leicht. Zumindest ab dem Moment, wo die Schulzeit begann. Vorher war ich glücklich, ich wuchs behütet auf, hatte liebevolle Eltern und eine große Schwester. Meine Mutter ging aus gesundheitlichen Gründen nicht arbeiten und so besuchte ich auch nie einen Kindergarten. Ich hatte zwar andere Kinder in der Nachbarschaft, mit denen ich spielte, doch auf meine Schule oder sogar in meine Klasse ging keines von ihnen. Somit war ich unsicher und sehr schüchtern.

Ab dem ersten Schultag war ich das Opfer. Schnell hatten die anderen Kinder mich als schwächstes Glied ermittelt und man machte es mir nicht leicht. Ich mache ihnen heute keine Vorwürfe mehr, es war ein normales Gruppenverhalten. Da ich auch nicht unbedingt die schlankste war, hänselte und ärgerte man mich, wo immer es nur ging. An diesem Punkt setzte sich ein Komplex in mir fest, sowieso nie gut genug zu sein, egal was ich tat. Ich passte mich immer allen an. Meine eigene Meinung behielt ich für mich, ich schwamm mit dem Strom und schluckte so viele Dinge, so viele Jahre hinunter. Ob dadurch der Krebs begünstigt wurde – ich weiß es nicht. Doch so viele Geschichten von an Krebs erkrankten Frauen habe ich schon gehört und sie ähneln meiner so unglaublich. Es waren Geschichten von Frauen, die Dinge in sich hinein fraßen, immer und immer wieder. Irgendwann musste dieses Fass überlaufen und sich einen Weg suchen. Die ganzen angestauten Energien und Gefühle kamen raus.

Das Nichtdazugehören zog sich über viele Jahre hin, ich kam nie richtig in dieser Klasse an oder fühlte mich als ein vollwertiges Mitglied. Irgendwann in der achten Klasse war es so schwer geworden, dass ich die Schule schwänzte. Keinen Tag länger hielt ich es mehr aus, ich wollte einfach nur noch zu Hause bleiben. Ich war immer schon viel krank gewesen, litt an Asthma und Bronchitis. Nun schob ich irgendwelche, nicht vorhandenen Erkrankungen vor. Doch irgendwann flog der ganze Schwindel auf. Ich musste vor die Klasse und schildern, was ich getan hatte. Das

war sehr schwer für mich, denn ich hasste es im Mittelpunkt zu stehen. Wenn ich vor anderen sprechen sollte, wurde ich rot und verlegen und brachte kaum einen Ton raus. Und nun das, alle schauten mich an.
Dennoch war es lehrreich für mich, ich fehlte nie wieder, nicht eine einzige Stunde. Ich versuchte einfach noch mehr mich anzupassen und bloß nicht aufzufallen. Meine Meinung war die, die alle anderen vertraten, auch wenn ich im Stillen ganz anders dachte. Und meistens war meine Meinung sowieso nicht gefragt. Ich ging allen Konfrontationen aus dem Weg und versuchte immer die Richtung einzuschlagen, in der ich möglichst unsichtbar in der Masse blieb.

Trotzdem war ich aufgewachsen mit dem Grundgedanken, immer das Beste zu geben. Mein Vater war unglaublich fleißig, er ging zeitweise nach Feierabend noch arbeiten, um uns ein gutes Leben zu ermöglichen. So richtig krank war er eigentlich nie, nur einmal hatte er mit dem Herzen. Ansonsten arbeitete er immer. Auch dieses Pflichtbewusstsein steckte in mir.
In dieser Vergangenheit lagen Strukturen, die mich auch heute noch beeinflussten, mein ganzes Denken und Handeln steuerten, das wurde mir hier so richtig bewusst.
Wie das Gefühl, einfache Leute zu sein, für ein bisschen Wohlstand immer schwer arbeiten zu müssen. Oder Erfolg zu haben, das war kein Thema für uns, man kam auch so zurecht. Doch innerlich strebte ich danach, immer, die ganzen Jahre.

Erst in meiner Lehre lebte ich auf, niemand kannte mich hier. Ich kam in eine neue Klasse, mit neuen Menschen. Sie gingen völlig unvoreingenommen auf mich zu und ich kam ihnen offen entgegen. Ich war beliebt in der Klasse und auch auf meiner Ausbildungsstelle. Man empfand mich als lustig, spontan und äußerst redegewandt. Die Dinge hatten sich geändert, obwohl ich immer noch der gleiche Mensch war.
Dann später bei meiner Arbeit galt ich als engagiert und fleißig, aber ich war immer noch ein Mitläufer. Meine persönliche Meinung äußerte ich nur ungern. Ich steckte lieber zurück, ehe ich mich mit einer Kollegin anlegte. Immer noch war der Weg des geringsten Widerstands meiner.

Ich sprach mit dem Psychologen auch über das Thema Fatigue und er war der Erste, der meine Theorie nicht vom Tisch wischte, sondern versuchte eine Diagnose mit seinen Mitteln zu stellen. Ernst hörte er mir zu und versprach sich zu kümmern. Wir arbeiteten uns durch diverse Fragebögen und der Verdacht erhärtete sich immer mehr. Ich besuchte verschiedene Vorträge, in denen es u.a. auch um dieses Thema ging. Hier wurde diese Krankheit nicht als Fantasterei abgetan, im Gegenteil. Die Ärzte in Bad Elster hatten sich damit beschäftigt. Zum ersten Mal bestätigte man mir hier auch, dass mein Krankheitsverlauf alles andere als außergewöhnlich war. Vielen anderen Patienten ging es ähnlich wie mir. Dies war sehr wichtig für mich. Hatte ich doch manchmal an mir selbst gezweifelt, an meiner Einstellung. Vielleicht musste ich mich zwingen, es einfach nur wollen, so richtig – verbissen - kämpfen eben. Vielleicht hatte ich mich abgefunden und mich in meiner Krankheit eingerichtet. Vielleicht gab es diese Krankheit gar nicht, Ärzte sagten mir doch immer, ich bildete mir alles nur ein. Nun sagte man mir, dass es diese Krankheit sehr wohl gab und auch in meiner Verlaufsform.
Und wieder sagte man mir, dass durchaus Frauen, nach dieser Behandlung wieder hundertprozentig in ihr altes Leben zurückfanden, ihrer Arbeit nachgingen und mit ganz wenigen Einschränkungen zu leben hatten. Und diese Menschen, begriffen vielleicht auch nicht, wie es mir ging, einfach weil sie alles besser weggesteckt hatten, wie ich. Ihre Erkrankung hatte einen anderen Verlauf genommen wie meine. Doch es gab noch andere, die mit gleichen, wenn nicht sogar noch viel stärkeren Einschränkungen leben mussten.

Die liebsten Stunden des Tages waren für mich auch diesmal wieder die Besuche der Ergotherapie. Wir bastelten die verschiedensten Dinge, ich entschied mich für das Körbe flechten. Außerdem konnte man jeden Tag in einem Nebenraum künstlerisch tätig werden. In Bad Elster gab es ein Bastelgeschäft und die Inhaberin hatte in der Klinik ein kreatives Paradies geschaffen. Ich war erst unsicher, was ich machen sollte. Die schieren Möglichkeiten machten mir die Entscheidung sehr schwer. Man konnte Schmuck herstellen, Filzen, Stricken und vieles andere.
Ich entschied mich schließlich für etwas, was ich zum letzten Mal vor sehr vielen Jahren gemacht hatte, ich malte. Und zwar gleich

ganz groß, ein Bild für unser Wohnzimmer sollte entstehen. Es gab verschiedene Bücher, in denen Anregungen abgebildet waren. Meine Wahl fiel auf eine stilisierte Waage, zwei unterschiedliche Waagschalen, die trotzdem im Gleichgewicht waren. In diesem Motiv fand ich viele Parallelen zu meinem Leben. Auch hier musste wieder einiges ins Gleichgewicht gelangen.

Am Ende meiner Kur hatte ich drei Bilder gemalt, die alle noch bei mir zu Hause zu finden sind. Nie hätte ich für möglich gehalten, dass mir das so gut gelingen würde. Andere Patienten und auch die Kursleiterin waren begeistert. Einige wollten mir die Bilder sogar abkaufen, dass fand ich unglaublich. Ich war erstaunt, was noch so alles in einem steckte. Und wieder einmal musste ich an die Worte denken, die mein lieber Oberarzt vor so langer Zeit zu mir gesagt hatte, die neuen Perspektiven, die eine Krankheit den Menschen manchmal eröffneten. Früher hätte ich mir niemals vorstellen können, einmal derart kreativ zu werden. Nach zwei Wochen Kur war Chefarztvisite. Ich kannte die Ärztin schon von der Begrüßung und diversen Vorträgen, die ich mir angehört hatte. Sie war etwas burschikos, geradezu und ich mochte sie sehr. Ausführlich sprach sie mit mir über meine weitere berufliche Perspektive. Ich erzählte ihr, wie schwer es gewesen war, damals überhaupt eine Stelle gefunden zu haben, wie glücklich ich gewesen war. Durch die ständige Schwäche konnte ich mir nicht vorstellen, jeden Tag irgendwo hinzumüssen. Wo ich doch an manchen kaum die Treppe hinab kam. Sie hörte sich alles an und meinte schließlich zum Abschluss, dass ich mich darauf einstellen sollte, die nächsten ein bis zwei Jahre nicht arbeiten zu können. Sie würde das Rentenbegehren auf jeden Fall unterstützen, danach würde man weitersehen. Vielleicht konnte ich nebenbei eine kleine Tätigkeit beginnen und so langsam wieder zu meiner alten Form finden. Ihr gefielen meine Willenskraft und meine Ziele, die ich ja immer noch hatte. Ich solle unbedingt daran festhalten. Ansonsten war ich in einem guten körperlichen Zustand, es gab keinerlei Anzeichen, dass die Schwäche von einem organischen Problem stammen würde. Diese Einschätzung machte mir Mut.
Die restliche Zeit ging, auch dank meiner drei Mitstreiterinnen, schnell vorbei. Gegen Ende bekam ich langsam Heimweh, vier Wochen waren eine lange Zeit. Ich vermisste meinen Mann, mei-

ne Tochter und meine Tiere. Es war Ende November und die Adventszeit stand vor der Tür. Irgendwie wollte man nun endlich nach Hause.

Wir Mädels verlebten einen letzten schönen Abend und am nächsten Tag holte mich Torsten glücklich nach Hause. Er war froh, ihm war es die letzten Wochen nicht gut gegangen. Obwohl wir jeden Tag miteinander telefoniert und viele SMS geschrieben hatten, vermisste er mich furchtbar. Wir beide fühlten uns zusammen einfach am besten. Wenn wir allein waren, war es, als würde ein Stück fehlen.

Wir fuhren durch den Kurort und ich verabschiedete mich von der Umgebung, die mir in den letzten Wochen so vertraut geworden war. Nicht zum ersten Mal hatte ich das Gefühl, dass es absolut richtig gewesen war, hier herzufahren. Ich hatte viele Erkenntnisse gewonnen und sah manche Dinge jetzt aus einer vollkommen anderen Perspektive. Ich hatte vieles gelernt, vor allem über mich. Viele Dinge waren jetzt klarer und manches würde leichter werden.

Zu Hause wurde ich von meinen Tieren stürmisch in Beschlag genommen. Es war schön wieder zu Hause zu sein.

14. Kapitel

Gleich in den nächsten Tagen durfte ich zu einem persönlichen Gespräch zu meiner Psychoonkologin, auch sie spürte meine Veränderung und freute sich sichtlich darüber. Noch einmal sprachen wir über das Thema Rente und sie schlug mir einen Deal vor. Wenn ich sie für zwei Jahre bekommen würde, sollte ich die Zeit nutzen, um wieder richtig in den Alltag zu finden. Auf keinen Fall sollte ich mich nur ausruhen. Damit war ich sofort einverstanden, die bloße Vorstellung, einfach nur rumzusitzen, machte mich jetzt schon fertig. Ich wollte auf jeden Fall wieder arbeiten gehen - je eher, je besser. Schon jetzt hätte ich gern etwas gemacht, doch welcher Arbeitgeber ließ sich auf jemandem mit meinem Gesundheitszustand ein. Also hatten wir einen Deal und ich eine Aufgabe für die nächste Zeit. Irgendwann würde es mir wieder besser gehen, davon war ich absolut überzeugt.

Es dauerte nicht lange, da erreichte mich der Abschlussbericht der Kurklinik. Er war genauso verfasst, wie die Chefärztin es mir gesagt hatte. Man befürwortete eine Rente für mindestens zwei Jahre aufgrund massiver körperlicher und geistiger Einschränkungen.

Ich baute meinen Adventsschmuck auf, langsam, in aller Ruhe und genoss die besinnliche Zeit bis Weihnachten. Und dann, eines Tages, trudelte ein großer Briefumschlag ins Haus, ich hatte es geschafft, die Rente für zwei Jahre war durch. Dies gab mir die notwendige finanzielle Absicherung und Ruhe, um wieder richtig nach vorn schauen zu können. Mit diesem Schreiben fiel eine enorme Last von mir ab. Endlich war es vorbei, ich musste nicht mehr zu Gutachtern, zu Ärzten, die mich jedes Mal noch weiter nach unten zogen.

Tage und Wochen vergingen und manchmal hatte ich das Gefühl, als ob es mir langsam etwas besser ging. Doch immer wieder kamen Rückschläge, warf es mich vollkommen aus der Bahn. Trotzdem stellte ich Veränderungen fest, sie waren in meinem Inneren. Indem ich neue Wege ging, anders dachte, nicht mehr so viel plante und dann doch nur haderte, wurde es leichter.

Ich suchte mir eine Rehasportgruppe und begann zur Wassergymnastik zu gehen. Meine Hoffnung war, damit meine Kondition langsam zu steigern und wieder zu Kräften zu kommen. Außerdem litt ich unter schlimmen Rückenbeschwerden, auch dafür waren die Übungen im Wasser ideal. Leider musste ich dies nach kurzer Zeit wieder aufgeben. Obwohl es mir riesige Freude machte, war die Überanstrengung enorm. Nach dem Umziehen, schlich ich zu meinem Auto und saß dann oft eine halbe Stunde einfach so da. Ich war nicht in der Lage den Motor zu starten, geschweige denn loszufahren. Langsam tuckerte ich dann heimwärts und lag auf meiner Couch. Ich lag auch noch den ganzen nächsten Tag flach und war vollkommen fertig. Dabei waren die Übungen alles andere als kräftezehrend. Und es wurde von Mal zu Mal schlimmer, deswegen zog ich schließlich die Reißleine, es tat mir einfach nicht gut und musste mein Leben daher verlassen.

Auch meine berufliche Situation begann ich zu überdenken, ich durfte zur Rente ja eine Kleinigkeit dazuverdienen. Am besten wäre etwas auf 450 Euro Basis gewesen. Doch was war an den Tagen, wo ich kaum das Haus verlassen, geschweige denn, mich auf eine Arbeit konzentrieren konnte. Früh anzurufen und sich krank zu melden, war keine Option. Dazu kamen diese Tage zu häufig vor. Eine Stelle zu finden, mit einem Chef der so flexibel war, würde äußerst schwierig sein. Also war guter Rat teuer und ich begann zu überlegen. Ich brauchte unbedingt wieder eine Aufgabe, eine persönliche Perspektive. Da kam mir plötzlich etwas in den Sinn.

Während meiner Behandlung war ich auf der Suche nach passenden BHs gewesen. Ich brauchte einen nach der Operation, der relativ straff saß, ohne den Körper einzuschnüren. Die Brust brauchte sozusagen den optimalen Halt. Dann wurde eine neuer während der Bestrahlung gebraucht. Er musste weich sein, aus ganz bestimmten Material, dass die gerötete Haut gut atmen konnte. Was soll ich sagen, die Suche war sehr schwierig. Ich fuhr in verschiedene Sanitätshäuser und kam trotzdem nicht so richtig weiter. Man tat mich vermessen und beraten, doch keines der Modelle passte aus meiner Sicht so richtig. Vor der Erkrankung hatte ich die BH-Suche relativ entspannt gesehen. Ich war der

Meinung, meine BHs passten schon so irgendwie. Doch so sehr sich mein Körper im Laufe der Jahre verändert hatte, meine Größe war komischerweise immer die gleiche geblieben. Zumindest aus meiner Sicht.
Im vorigen Jahr hatte ich dann eine Freundin besucht und zusammen mit ihr war ich in einem BH-Studio gewesen, etwas, von dem ich vorher noch nie gehört hatte. Die freundliche Dame bot mir an, mich kurz zu beraten, falls ich Lust dazu hatte. Natürlich hatte ich. Die ermittelte Größe verblüffte mich zutiefst, aber der BH passte und zwar perfekt. Noch heute trage ich ihn und muss dabei immer an diesen Termin denken.

In mir war eine Idee geboren, genauso ein Studio wollte ich auch. Und zwar bei uns im Haus. Im Keller gab es einen Raum, den man dafür hervorragend umbauen konnte. Das hatte den Vorteil, dass ich keine Miete zu zahlen brauchte und außerdem keine langen Anfahrtswege hatte. Natürlich war ungewiss, ob die Sache auch finanziell funktionieren würde, das konnte niemand sagen, aber ich war sicher, der Bedarf für solche Beratungen war da. Ausführlich sprachen Torsten und ich darüber und er meinte, ich solle es doch einfach mal probieren. Er freute sich sehr, dass ich wieder ein Ziel vor Augen hatte. Ich beschäftigte mich mit der Materie, las viele Berichte, tauschte mich mit Anderen aus und war mir sicher, die Sache würde funktionieren. Der Bedarf war auf jeden Fall vorhanden. Wann immer ich mit Frauen darüber sprach, bekam ich dies bestätigt. Alles lief natürlich immer in meinem Tempo ab, jemand gesundes wäre zehnmal eher fertig gewesen, doch das war mir egal. Ich hatte endlich eine Aufgabe, ein Ziel und doch alle Zeit der Welt.
Langsam nahm mein Projekt Gestalt an. Ich beschäftigte mich mit möglichen Herstellern und fuhr das erste Mal wieder zu einer Fachmesse, um mir die Sachen live vor Ort anzusehen. Früher war ich oft auf solchen Veranstaltungen gewesen, doch diesmal war alles anders. Ich war furchtbar aufgeregt, stöberte an den Ständen und ließ mir viele Modelle zeigen. Dabei merkte ich, dass ich noch sehr viel zu lernen hatte. Ganz so einfach, wie ich es mir vorgestellt hatte, war es dann doch nicht. Ich schaffte kräftemäßig nicht einmal die Hälfte dessen, was ich mir vorgenommen hatte, trotzdem war ich damit zufrieden. Es hatte mich unglaublich angestrengt und so manche Gespräche waren äußerst holprig

verlaufen, aber das war egal. Man konnte sagen, es ging voran, zwar langsam, aber stetig.

Doch immer wieder machte mir meine Gesundheit Probleme. Phasen, in denen es mir ganz gut ging, kamen zwar vor, doch die Erschöpfung hatte mich noch immer fest im Griff. Es gab pro Monat mehrere Tage, an denen mir alles so furchtbar schwerfiel. Da konnte ich auch nicht wegen meinem beruflichen Projekt recherchieren, es ging einfach gar nichts. Ich spazierte eisern jeden Tag mit meinem Hund, zumindest eine kleine Runde und versuchte die Strecken allmählich auszudehnen. Aber an einem imaginären Punkt war Schluss und wenn ich darüber hinausging, machte mich das vollkommen fertig. Auch bei der Hausarbeit hatte ich nach wie vor große Probleme. So putzte ich ein Fenster und am nächsten Tag machte ich weiter. Ich begann zusammen mit Torsten unseren Garten umzugestalten, einfach, dass wir beide es leichter hatten. Langes Unkrautjäten war einfach nicht mehr möglich. Verabredungen traf ich nur noch unter Vorbehalt, ich sagte niemandem fest zu. Entweder die Menschen verstanden das oder eben nicht. Freundschaften waren daran zerbrochen, aber neue kamen.

Unseren Urlaub verlebten wir am Gardasee. Wir liebten diesen magischen Ort und die Menschen, die dort lebten. Unsere Ferienwohnung lag hoch über dem See und der Ausblick war einfach nur fantastisch. Stundenlang saßen wir draußen und immer gab es etwas zu sehen. Auch hier, obwohl es mir an diesem Platz so gut ging, spürte ich meine körperliche Schwäche und automatisch wanderten die Gedanken zurück zu alten Zeiten. Was für Touren hatte ich früher bewältigt, wieviel hatte ich unternommen. Da kam sehr viel Wehmut auf, das wenige was einem gelang, trotzdem als Erfolg zu werten, war schwer für mich. Ich verglich mich immer noch zu sehr mit anderen und mit früher.
Einmal unternahmen wir eine kleine Wanderung, es waren noch etwa dreißig Minuten zu laufen, als es plötzlich nicht mehr weiterging. Ich haderte unglaublich mit mir. Wir setzten uns auf eine Bank und schauten ins Tal. Es war wunderschön und ich begriff, dass so viele Menschen gar nicht mehr bis hierher kamen. Menschen die vielleicht im Rollstuhl saßen oder die, die im Krankenhaus lagen. Aber ich hatte es geschafft, ich konnte hier sitzen und

die Aussicht genießen. Das war alles andere als selbstverständlich. Also galt es auf den Rest der Wegstrecke zu pfeifen und sich an dem, was vor mir lag zu erfreuen.

Im Sommer nahm mein BH-Projekt langsam klare Strukturen an. Den Raum hatten wir zusammen wundervoll gestaltet. Die vorhandenen dunklen Holzpaneelen waren in einem freundlichen gelb/weiß Mix gestrichen wurden. Noch ein paar Möbel und Kleiderstangen wurden angebracht und das Wäsche-Paradies, mein kleines BH-Studio, war fertig. Ein Raum war entstanden, in dem sich jeder gleich heimisch fühlte und dies war auch mein Ziel gewesen. Frauen sollten zu mir kommen, ohne einschränkende Kabinen, ohne andere Kundinnen - sollten sie sich wohlfühlen. Ich wollte mich ihnen ganz in Ruhe widmen. Nun galt es die leeren Kleiderständer mit schicken Sachen zu bestücken. Ich hatte mir eine Liste mit Wunschfirmen gemacht und nahm zu ihnen Kontakt auf. Allen schilderte ich mein Projekt und rannte damit offene Türen ein. Wir hatten ein wenig Geld gespart und davon begann ich Ware einzukaufen. Und bald kamen die ersten Kunden, erstmal nur aus meinem Bekanntenkreis. Doch wie es so ist, wenn jemand zufrieden ist, dann sagt er es weiter. Ich arbeitete in meinem Tempo und zu meinen Zeiten. Alle Kunden waren informiert, dass es immer vorkommen konnte, dass ich einen Termin auch kurzfristig absagen musste. Das kam auch öfters vor, doch alle hatten Verständnis.
In meinem kleinen Wäsche-Paradies fühlte ich mich absolut wohl. Ich hatte eine Aufgabe gefunden, etwas was mir Spaß machte. Ich bekam Anerkennung, denn meine Kunden waren begeistert. Der Bedarf war riesig und ich musste mich schon nach kurzer Zeit zwingen, nicht mehr zu machen, als ich eigentlich wollte. Am Ende wurden es meist 4-5 Stunden die Woche, dies konnte ich im Normalfall ganz gut bewältigen.
Und ich begann doch wieder zu planen, aber ganz anders wie früher. Bestimmte Tage hielt ich mir frei, sie sollten zum Kraft tanken da sein. Jeden Tag etwas zu machen, war einfach nicht drin, ich brauchte Erholungszeiten dazwischen. Immer noch unternahmen wir viel miteinander. Es waren keine großen Dinge, nur kleine Ausflüge, doch sie machten Torsten und mich unendlich glücklich. Es ging darum, jeden Tag das Leben zu genießen und sich immer wieder aufs Neue daran zu erfreuen.

15. Kapitel

Und so verging die Zeit. Mein Zustand schien unverändert und wiederrum doch besser geworden zu sein. Je länger ich mit meiner Krankheit lebte, umso vertrauter wurde sie mir. Oft spürte ich schon vorher, wenn die Erschöpfung wieder zuschlagen würde, aber manchmal erwischte sie mich auch ganz plötzlich. Ich spürte, was ich lieber vermeiden sollte und was mir richtig gut tat. Dennoch verging kein Morgen, an dem ich nicht voller Hoffnung war. Eines Tages musste er doch endlich kommen, der Tag wo es mir besser ging und meine Erschöpfung sich langsam aber sicher zurückziehen würde.

Im Fernsehen sah ich einen Bericht, es ging um Krebskranke, die nach ihrer Krankheit neue Wege eingeschlagen hatten und absolut verrückte Sachen machten. Ich erinnere mich noch an eine Frau, die jetzt Marathon lief und einen Mann der unglaublich lange Wandertouren absolvierte. Er lief sozusagen von früh bis spät - keiner von ihnen hatte vorher Sport getrieben, erst durch den Krebs hatten sie diese Betätigung für sich entdeckt. Eine andere Frau hatte eine Firma eröffnet und beschäftigte mittlerweile mehrere Angestellte. Sie war so unglaublich engagiert, arbeitete viele Stunden am Tag und fand eine neue Perspektive, die sie sich früher nie hatte träumen lassen. Ich saß auf meiner Couch und war traurig. Warum waren andere Menschen zu solchen Leistungen fähig und ich nicht? Setzten sie sich mehr unter Druck, wollten sie es einfach mehr, wie ich? Musste ich mich zwingen? Doch Druck brachte nichts, das hatte ich schon begriffen, was war es dann? Gab es wirklich so unterschiedliche Verläufe, ich konnte es mir nicht vorstellen und doch schien es so zu sein. Das gleiche galt auch für die Gewichtsabnahme. Seit der Chemo schleppte ich nun meine Kilos mit mir herum und sie wollten einfach nicht weichen. Gut, ich gebe ehrlich zu, ich war nicht immer die disziplinierteste Esserin. Ich esse gern und ich esse auch gern gut. Schokolade und Kuchen mag ich sehr und meine Küche ist sicher ziemlich deftig. Trotzdem bemühte ich mich nach Leibeskräften, die überzähligen Pfunde abzuspecken. Ich stellte die Ernährung um, mied Süßigkeiten, aß viel gesundes

Gemüse und es tat sich – nix. Egal was ich machte, der Zeiger der Waage war unverändert. Ich nahm überhaupt nur ein paar Gramm ab, wenn ich fast gar nichts mehr aß. Ständig bekam ich Vorhaltungen von seiten der Ärzte, ich solle unbedingt abnehmen. Ich wusste selbst, dass es besser für mich wäre, aber es ging einfach nicht. Auf Dauer wollte ich nicht auf alles im Leben verzichten. Sicher hat auch jeder in diesem Fall seine eigene Meinung, doch ich war dazu nicht bereit. Ich kenne Frauen, die verzweifelt versuchten, sich schlank zu hungern, das war eindeutig nicht mein Weg. Irgendwann machte ich meinen Frieden mit meinen Rundungen, sie waren da und fertig. Ich ernähre mich heute so, dass ich einfach esse, was mir guttut. Und wenn ich Appetit auf ein Stück Kuchen habe, so esse ich dies, ganz ohne schlechtes Gewissen. Mittlerweile weiß ich auch, um die Wirkung, die das Mittel Tamoxifen bei manchen Frauen hat. Es sorgt unter anderem für eine Fettleber, für eine erschwerte Gewichtsabnahme und andere ziemlich profane Dinge, wie z.B. Wetterfühligkeit.

Mir kam der Gedanke eine Schulung zu absolvieren, etwas, mit dem ich mir selbst, aber vielleicht auch anderen Menschen helfen konnte. Warum ich das ganz genau wollte, wusste ich eigentlich nicht. Vielleicht wollte ich mir beweisen, dass ich trotz der Leere, die oft in meinem Kopf herrschte, noch etwas Neues lernen konnte oder mein wohlbekanntes Helfersyndrom meldete sich. Es war einfach erstaunlich, auf welche Ideen man so kam, wenn man den ganzen Tag zu Hause und mit sich selbst beschäftigt war. So meldete ich mich bei einer Heilpraktikerschule im Internet an und absolvierte einen Kurs zum Thema Bachblüten. Diese hatten mich aufgrund ihrer natürlichen Heilkraft immer schon interessiert. Ich hatte diverse Bücher vor meiner Erkrankung gelesen und fand die Kraft der puren Pflanzen erstaunlich. Es war nichts Großartiges, ging über einige Wochen und ich beendete es mit Erfolg. Auch hier brauchte ich länger wie die anderen Teilnehmer und musste bestimmte Dinge x-mal durchlesen. Das war mir egal, mittlerweile hatte ich mich mit meinem Tempo abgefunden. Letzten Endes wendete ich es dann aber nur für mich an und habe damit schon viele Situationen zum positiven kehren können. Doch anderen Menschen wollte ich damit nicht mehr helfen, ich hatte mit mir genug zu tun. Diese Erkenntnis kam mir, sobald ich das

Zertifikat in der Hand hielt. Warum sollte ich mich auch noch mit den Problemen anderer belasten, dass hatte ich schließlich ein Leben lang getan.

Immer noch ging ich alle paar Wochen nach Dresden zu meiner Psychoonkologin. Die Frauengesprächsrunde war mittlerweile beendet und ich hatte wieder Einzelsitzungen. Oft dachte ich an den Austausch mit den anderen zurück, doch ich wäre die Einzige gewesen, die es gern in der Gruppe fortgeführt hätte. So sprachen wir wieder zu zweit über meinen Zustand, über Verbesserungen und auch Verschlechterungen. Ich war mir nicht sicher, was sie von mir hielt. Oft wusste ich gar nicht richtig, was ich eigentlich berichten sollte. Die Besserung, auf die ich immer noch hoffte, blieb bis jetzt aus. So erzählte ich von meinen Plänen und vom BH-Studio, darüber, was ich über meine Zukunft dachte. Manchmal beschlich mich das Gefühl, dass sie mich auch für eine Simulantin hielt. Heute weiß ich, dass ich mir das nur einbildete. Meine bisher gesammelten schlechten Erfahrungen steckten einfach zu tief in meinem Hinterkopf. Doch dies änderte sich mit einem Schlag.

Wieder hatte ich einen Termin bei ihr, doch diesmal nahm das Gespräch von Anfang an, eine andere Wendung. Ich weiß noch, dass ich eigentlich absagen wollte. Torsten musste arbeiten und mir ging es nicht gut, da fuhr ich nur ungern Auto. Doch etwas in mir, ließ mich letzten Endes doch den Termin wahrnehmen. Ich hatte das Gefühl, es wäre besser hinzufahren, egal wie.
Sie erzählte mir gleich zu Beginn, dass sie bei einer Tagung gewesen war, bei der sich Experten aus der ganzen Welt zum Thema Krebs und seine Spätfolgen, also auch dem Thema Fatigue in Berlin ausgetauscht hatten. Ich hatte darüber bei Facebook gelesen, mehrere Frauen beschäftigten sich dort mit dem Thema. Für uns Kranke gab es nicht allzu viele Neuigkeiten, zumindest hatte ich von keinen gehört. Doch sie war direkt vor Ort gewesen und hatte sich mit vielen anderen Menschen unterhalten.
Und dann berichtete sie mir von einer Frau, die dort öffentlich auf dem Podium ihre Krankheitsgeschichte erzählt hatte. Sie ähnelte meiner so sehr, dass ich eine Gänsehaut bekam. Sie war an Krebs erkrankt, ich glaube sogar an Brustkrebs, aber ich weiß es nicht mehr genau. Auch diese Frau hatte versucht nach ihrer

Krebserkrankung und der Behandlung mit Chemo und Bestrahlung, wieder ins Leben und in die Arbeitswelt zu kommen. Sie war eine Politikerin, extrem ehrgeizig, besessen von ihrem Vorankommen - Schwäche war für sie ein absolutes Fremdwort. Sie schien eine ziemliche Karriere vor sich zu haben und war eine absolute Kämpferin. Verbissen hatte sie nach einiger Zeit, wieder mit Arbeiten begonnen und musste doch irgendwann kapitulieren. Die Schwäche war so groß, dass sie nicht einmal mit ihrem enormen Ehrgeiz bezwungen werden konnte. Sie haderte mit ihrem Schicksal und wollte sich damit auf keinen Fall abfinden. Eine endlose Odyssee zu vielen Ärzten und diversen Gutachtern lag schließlich hinter ihr. Und irgendwann bekam sie die Diagnose Fatigue, chronische Fatigue. Sie bekommt heute eine Rente und hat die Politik komplett hinter sich gelassen. Ihr Weg dahin, wo sie jetzt ist, war lang und schmerzhaft. Diese Geschichte hatte sie natürlich sofort an meine erinnert und sie hatte mit Kollegen auch über mich und meinen Fall gesprochen.
Noch eine weitere Erkenntnis hatte meine Psychoonkologin gewonnen, es gab viel mehr Menschen, die einen Verlauf der Krankheit aufwiesen, der meinem glich. Und sie sagte mir, dass aus ihrer Sicht, mein Krankheitsverlauf bereits eine chronische Form angenommen hatte, einfach weil ich schon zulange darunter litt. In anderen Ländern war man, was das Thema Fatigue betraf, schon ein ganzes Stück weiter. Immer wieder hatte sie ähnliche Geschichten gehört.

Anfangs verstand ich ihre Worte nicht, ich wollte sie nicht begreifen. Darum brachte sie es noch einmal deutlich auf den Punkt. „Frau Kühne, ich will es Ihnen noch einmal sagen. Ihre Erschöpfung ist chronisch geworden. Sie wird nie mehr weggehen, sie wird nie mehr besser werden, sie wird sie ihr Leben lang begleiten. Es ist wohl an der Zeit, dass sie das begreifen."
Wenn ich heute sage, dass diese Aussage für mich ein größerer Schock als die Krebsdiagnose war, so ist dies nicht gelogen. Es war so und auch heute noch empfinde ich es so. In diesen Worten lag eine Endgültigkeit, die mir Angst machte.
Warum also sagte sie es mir, warum nahm sie mir meine komplette Hoffnung? Nur aus einem einzigen Grund, sie wollte, dass ich meinen Frieden schloss, wie damals bei der Chemo, so auch jetzt. Ich sollte nicht mehr hadern und hoffen, ich sollte endlich ler-

nen, mit dieser Krankheit umzugehen. Ich sollte Strategien entwickeln und genau dabei würde sie mir helfen. Dann musste es einfach leichter werden. Ich hatte so viele Träume in meinem Kopf, ich sollte sie nicht aufgeben, nur ein wenig anpassen. Damit konnte ich mir Enttäuschungen ersparen, die mich jedes Mal so runterzogen. Sozusagen musste etwas sterben, damit etwas Neues entstehen konnte.

Ich fuhr wieder einmal wie erschlagen nach Hause, in meinem Kopf waren zwei Worte – NIE MEHR. An nichts anderes konnte ich mehr denken. Zu Hause heulte ich Rotz und Wasser und doch ging es mir irgendwann besser. Eigentlich hatte ich es gewusst, ich hatte gehofft, jeden Morgen aufs Neue, aber ahnte es schon länger, es würde nie mehr besser werden, NIE MEHR. Ein schwerer Schlag und trotzdem heilsam. In vielen Sitzungen sprachen wir darüber, durch das Aussprechen der Wahrheit war es leichter geworden.
Ich erkannte endlich, ich musste nicht alles schaffen. Ich würde bestimmte Wege nicht mehr gehen können, aber dafür andere. Ich würde keinen hohen Berg besteigen, ich fuhr mit der Seilbahn hoch oder wanderte soweit ich eben kam. Ich würde nie mehr alle Fenster nacheinander putzen, aber jeden Tag ein oder zwei, waren auch okay. Früher hatte ich ein Buch in kürzester Zeit gelesen, heute brauchte ich länger, na und? Ich begriff, das Unkraut würde in meinem Garten wachsen, die Wohnung nicht immer perfekt aussehen, der Herd manchmal kalt bleiben, all dies war so und - Punkt. War es schlimm, nein, war es nicht, es gab viel schlimmeres im Leben.
Es würde Tage geben, an denen nichts ging, immer wieder würde das passieren. Aber an manchen ging noch etwas und diese musste ich nutzen, so gut es eben ging.
Ich musste nur auf mich hören, auf meinen Körper, er würde mir zuverlässig sagen, was zu tun war. Also baute ich wieder Vertrauen zu ihm auf und das war wirklich dringend nötig.

Eines blieb mir besonders im Gedächtnis und ich bin sicher, dass es so manchem Kranken helfen wird. Mein Körper hat mich getragen, so viele Jahre, bis zum heutigen Tag. Und ich gebe zu, ich habe ihn nicht immer gut behandelt, im Gegenteil, wie oft habe ich ihm geschadet. Und doch schlägt immer noch mein

Herz, ich atme, meine Beine tragen mich. Nur einmal hat er geschwächelt, er hat zugelassen, dass der Krebs in mir entstehen konnte. Einen winzigen Augenblick hat er mal nicht aufgepasst. Doch danach gab er sofort wieder alles, er hat mit mir zusammengearbeitet, hat alles getan, damit ich wieder gesund werde. Er hat eine Chemotherapie über sich ergehen lassen, diverse Operationen und Bestrahlungen. Seine gesunden Zellen wurden abgetötet, damit die Kranken vernichtet werden konnten. Und er funktioniert trotzdem immer noch jeden Tag, obwohl ich ihn immer noch nicht gut behandele, ihm mit gewissen Dingen schade. War es nicht an der Zeit, wieder Vertrauen in ihn zu haben und auf ihn und seine Signale zu hören? Ich denke schon, also schloss ich einen Pakt mit ihm, den ich jeden Tag erneuere. Ich bin meinem Körper so dankbar, dass er mich bis hierher gebracht hat, denn das ist nicht selbstverständlich. Wir denken es nur.
Ich überdachte auch andere Sachen und wollte mich nur noch mit Dingen und Menschen umgeben, die mir wirklich gut taten.

Gleich nach der Erkrankung, war ich in diverse Facebook-Gruppen eingetreten. Es waren Krebsgruppen und sie waren mir sehr wichtig gewesen. Wir hatten uns ausgetauscht, uns geholfen, Mut gemacht und miteinander gelacht und geweint. Dadurch ließ sich die Behandlung einfach leichter ertragen. Man konnte kommunizieren, wann man wollte, ohne irgendwelche Verpflichtungen. Mittlerweile belasteten mich diese Gruppen aber immer mehr. Es verging kein Tag, an dem ich nichts über Rezidive und sogar Todesfälle las. Ich konnte damit immer schlechter umgehen und wenn ich ganz ehrlich war, wollte ich es auch nicht länger. Jeder Todesfall nahm mich unglaublich mit. Ich bekam die Zeilen nicht aus meinem Kopf, da die Angst mir die Kehle zuschnürte. Natürlich war mit bewusst, dass man an dieser Krankheit sterben konnte. Aber ich lebte noch und musste mich auf das Hier und Jetzt konzentrieren. Also verabschiedete ich mich. Ich schätze die Menschen sehr, die sich weiterhin in diesen Gruppen engagierten, aber es war nicht mehr mein Weg.
Auch in meinem Freundeskreis waren einige Menschen auf der Strecke geblieben. Viele hatten mit der Krankheit nicht umgehen können und sich deswegen zurückgezogen. Mit anderen fehlte mir plötzlich jede Basis, wir trafen uns und wussten doch nicht, über was wir eigentlich reden sollten. Irgendwie waren wir uns

fremd geworden. Auch sie ließ ich los. Es war besser für mich und ging ganz leicht. Sie waren eine Zeit an meiner Seite gewesen, aber nun gingen wir getrennte Wege, so war das Leben.

So ein Aufräumen ist sicherlich schmerzhaft, kann aber auch sehr hilfreich und befreiend sein. Alten Ballast abzuwerfen, alte Verhaltensstrukturen bewusst zu ändern, dies musste ich erst lernen. Und doch hat es mich weiter gebracht, als so manches andere. Ich lernte NEIN zu sagen, ich lernte, meine Bedürfnisse nicht immer hinten an zu stellen. Ich war wichtig, mir musste es gut gehen – das hat nichts mit Egoismus zu tun. Und außerdem, ein wenig gesunder Egoismus, hat noch keinem Menschen geschadet. Ich fragte mich einfach, „ *Will ich das?*", wenn der kleinste Zweifel nach oben schwappte, wurde er beachtet und nicht weggedrückt.

Wir überdachten unsere Pläne, z.B. Urlaube, sie wurden ab sofort anders geplant. Hatte ich früher immer aufgeschrieben, was wir uns alles ansehen wollten, so entschieden wir jetzt aus dem Bauch heraus. Es war kein Problem mal einen ganzen Tag nur auf dem Balkon zu sitzen oder sogar im Bett zu liegen. Es war kein Problem eine schöne Autotour zu machen, wenn die Kraft zum Wandern nicht reichte.
Freunde oder Familie zu treffen, gerne, doch wenn es nicht ging und ich mich nicht gut fühlte, sagten wir einfach ab. Alle wussten was mit mir war, also würden sie es verstehen. Ich zwang mich zu nichts mehr, es hätte auch nichts gebracht.
Selbst der berufliche Bereich musste neu durchdacht werden. An meinem Wäsche-Paradies hing mein Herz, ich hatte es mir aufgebaut, doch die Umsätze waren ziemlich gering. Es war eine Ergänzung zu meiner Rente, somit okay und es machte mir Spaß. Doch ab und zu überlegte ich, doch noch etwas Neues zu machen. Geld zu verdienen, was würde sein, wenn die Rente eines Tages wegfiel?
So viele Möglichkeiten wurden einem geboten. Wenn man nur einmal bei Facebook sucht, was kann man nicht alles machen. Und sicher kann man damit auch Geld verdienen, sogar richtig viel. Etwas halbherzig begann ich bei einem Kosmetikvertrieb zu arbeiten. Ich war nicht schlecht, doch mein Herz schlug nicht dafür.

Ich brauchte eine ganze Weile, ehe ich begriff, dass ich auf solche Dinge keine Lust mehr hatte. Ich wollte nichts mehr verkaufen, es interessierte mich nicht. Man bekam immer von irgendeiner Stelle Druck und wenn man ihn sich einfach nur selbst machte. Mit Druck konnte ich aber nicht mehr umgehen, zu viele Jahre hatte er mein Leben bestimmt, damit war Schluss. Also verabschiedete ich mich davon und cancelte diese Arbeiten. Eigentlich wollte ich etwas ganz anderes und damit hatte ich durch Zufall eines Tages angefangen.

16. Kapitel

Schon immer hatte ich sehr gern Geschichten erzählt, man könnte auch sagen, ich hatte eine blühende Fantasie. Doch sehr viele Jahre behielt ich das für mich. Vielleicht kam es dadurch, dass ich schon immer sehr gerne las und zwar alles Mögliche, also querbeet. In der Bibliothek lieh ich mir die dicksten Bücher schon in der 2.Klasse aus und verschlang sie geradewegs. Ich bewunderte Autoren und wie sie einfach nur mit Worten fremde Welten entstehen lassen konnten. Und als wäre das nicht schon das Größte, nahmen sie mich in diese fremde Welt einfach mit.

Im Internet stieß ich durch Zufall auf eine Ausschreibung, es wurden Geschichten für eine Anthologie gesucht, also ein Sammelband verschiedener Autoren. Mittlerweile frage ich mich, ob es bestimmte Zufälle eigentlich wirklich gibt oder ob man von irgendetwas sanft in eine bestimmte, für uns vorgesehene Richtung, geschubst wird. Weil, so viele Zufälle, wie ich sie in letzter Zeit erlebt hatte, gab es eigentlich gar nicht. In den einzelnen Bänden dieser Reihe sollte es um die Farben des Regenbogens gehen, jede Farbe entsprach einem Band und losgehen sollte es mit der Farbe Rot. Man sammelte also Kurzgeschichten, egal ob Krimi, Liebesroman oder Märchen – alles sollte willkommen sein. Konnte ich so etwas? Ich war unsicher und doch reizte es mich ungemein. Also setzte ich mich hin und begann erst einmal zu schreiben, einfach so drauf los. Die Ideen entstanden in meinem Kopf, ich musste gar nicht lange danach suchen. Ein paar Tage später hatte ich zwei Geschichten fertig. Sie waren sehr unterschiedlich und mir gefielen sie gut. Ich las sie Torsten vor, er fand sie auch gut, trotzdem war ich unsicher. Er war für mich doch etwas parteiisch, obwohl er kleine Kritikpunkte gefunden hatte, die ich dann auch beseitigte. Wollte aber nur ein anderer Mensch so etwas lesen, würde es einen Menschen ansprechen?

Am Ende sagte ich mir, *„Was soll schon geschehen? Was wäre das Allerschlimmste?"* Das war ganz einfach, das Schlimmste was geschehen konnte, war dass ich eine Ablehnung bekam, sonst

würde mir nichts passieren. Also nahm ich meinen ganzen Mut zusammen, verfasste eine Mail an den Verlag und klickte auf den Absenden-Knopf. Dann konnte ich nichts mehr tun, nur noch warten. Ich schlich ein wenig unruhig herum und war sehr gespannt. Zwei Tage später kam die Antwort, ich getraute mir kaum sie zu öffnen und war erstmal perplex. Man bedankte sich für meine Zusendungen und teilte mir freundlich mit, dass beide Geschichten im Buch waren.
Beide - ich konnte es kaum glauben und war überglücklich, dass was ich niedergeschrieben hatte, sollte in einem Buch stehen, mit meinem Namen. Das war genau das, was ich tun wollte. Ich wollte Schreiben, ich wollte Leser mit in meine Welt nehmen, sie aus dem Alltag entführen. Und irgendwann, wollte ich eine Lesung abhalten, das war mein Ziel und ich war sicher, ich würde es erreichen, wann auch immer. Mein Gefühl dabei war so gut, es machte mir Freude. Ich konnte mir die Schreibzeit frei einteilen, wenn ich mal keine Energie hatte, ließ ich es bleiben. Und ich hatte noch so unendlich viele Ideen im Kopf.

So nahm ich mir zunächst die Farben des Regenbogens vor. Parallel dazu schaute ich auch noch nach anderen Ausschreibungen und schloss mich Schreibgruppen im Internet an. So vieles gab es zu lernen und zu verbessern. Fast alle Geschichten, die ich einreichte, wurden angenommen und so langsam wuchs mein Mut. Und ich suchte mir ein Vorbild, es musste jemand erfolgreiches sein, jemand den ich sehr verehrte und zu der ich aufblickte – Joan K. Rowling. Ihre Bücher rund um Harry Potter hatte ich verschlungen und bewunderte ihren Schreibstil. Am meisten imponierte mir aber, wie klein sie angefangen hatte, anfangs wollte niemand ihre Bücher verlegen und trotzdem hatte sie verbissen weitergeschrieben und immer an sich geglaubt.

17. Kapitel

Eine lange Zeit war vergangen. Wenn ich heute auf meine Erkrankung zurückblicke, kann ich mich an manche Sachen kaum noch erinnern. Vieles hatte sich in meinem Leben verändert, doch eines war geblieben, die Erschöpfung, das Fatigue-Syndrom war zu meinem ständigen Begleiter geworden. Obwohl ich kein gesunder Mensch bin und auch nie mehr werde, habe ich trotzdem noch so viele Möglichkeiten. Dadurch geht es mir heute viel besser, als ganz am Anfang, als ich die Diagnose bekam. Ich kämpfe nicht mehr, ich nehme an und dort liegt der Schlüssel. Ich akzeptiere bestimmte Dinge, sie sind so, nicht zu ändern und Punkt. Jedem Betroffenen kann ich dazu nur raten. Man soll sich nicht in sein Schicksal ergeben, aber man soll nicht hadern, es bringt nichts und kostet nur kostbare Energie. Jeder Mensch kann neue Wege finden, sie liegen vor einem, man muss sie nur gehen oder vielleicht mal um die nächste Ecke schauen. Mittlerweile hat die Krankheit ihren Schrecken für mich verloren. Indem ich sie akzeptiert habe, ist sie wesentlich leichter zu ertragen.

Oft bin ich gefragt worden, ob ich mit meiner Behandlung hadere. Ob ich wieder eine Chemotherapie und eine Bestrahlung machen würde. Und ich muss ehrlich sagen, ich weiß es nicht, ich würde es spontan entscheiden. Aber die Behandlung, die hinter mir liegt, habe ich nicht bereut, auch wenn sie mir Fatigue gebracht hat. Ich wüsste nicht, wo ich ohne sie wäre. Also ist es müßig, sich darüber Gedanken zu machen.

So viele positive Dinge waren in den letzten Monaten geschehen. Da war zunächst die Hochzeit meines einzigen Kindes gewesen. Schon die Suche nach dem Brautkleid war für mich eine große Freude. Und dann musste so vieles organisiert werden, ich half so gut ich konnte. Wir bastelten Dekorationssachen, verkosteten kleine Kuchen für das Buffet und waren auf der Suche nach der perfekten Brautfrisur. Welch ein Geschenk für eine Mutter, dabei sein zu dürfen. Und dann der Augenblick, wenn sich die Tür des Autos öffnet und man sein Kind in einem wunderschönen

Traumkleid sieht - das kann man nicht beschreiben. Es war eine herrliche Feier, ich schaffte es nicht, bis Mitternacht zu bleiben, dass hatte ich mir eigentlich vorgenommen. Trotzdem war es vollkommen in Ordnung, ich hatte alles gesehen, was ich wollte. Das Anschneiden der Torte, den Tanz des Brautpaares und auch meine Eltern hatte ich zusammen tanzen gesehen. Ich war für diese Augenblicke einfach nur so unglaublich dankbar.
Dann kam einige Zeit später meine Enkelin zur Welt, ich war eine überglückliche Oma und bin es noch. Dieses kleine Wesen im Arm halten zu dürfen, berührte mich zutiefst. Sie gibt mir unheimlich viel Kraft und wenn sie mich anstrahlt, ist so manches Problem vergessen. Sie ist einfach nur ein Geschenk des Himmels.
Wir waren im Urlaub, natürlich an meiner geliebten Ostsee. Mittlerweile lief ich soweit ich konnte, wenn es nicht mehr ging, so drehten wir einfach um und genossen unsere gemütliche Ferienwohnung. Oder wir schlürften mit roten Wangen einen Tee in einer der Gaststätten, während draußen der Sturm heulte. Auch Südtirol haben wir besucht, kleine Wanderungen unternommen, sind mit Bergbahnen nach oben gefahren oder saßen einfach nur da und schauten uns die wundervolle Gegend an.
Ich beriet immer noch in meinem Wäsche-Paradies und machte Frauen mit einem neuen BH glücklich. Pro Woche gab es nur wenige Termine, doch mir reichten sie. Musste ich Kunden absagen, so ließ sich das nicht ändern. Ich kam unter Leute, konnte schwatzen, lachen und hatte eine Aufgabe. Reich wurde ich nicht, doch ich würde es nicht aufgeben. Alle anderen beruflichen Dinge hatte ich hinter mir gelassen, ich wollte sie einfach nicht mehr und Punkt.
Ich habe neue Menschen kennengelernt, die mich weiterbringen und bestärken. Besonders hilfreich ist für mich eine Unternehmerinnengruppe, wir nennen uns die Heldinnen, denn das sind wir, jede auf ihre Art. Wir unterstützen uns untereinander und machen uns Mut. Diesen Austausch möchte ich auf keinen Fall mehr missen. Auch wenn unsere Lebensgeschichten unterschiedlicher nicht sein könnten, wir lernen trotzdem voneinander.

Meine ganze Liebe galt immer noch dem Schreiben. Mal schrieb ich mehr, mal weniger, einfach so wie ich mich fühlte. Neben den Kurzgeschichten hatte ich ein großes Projekt in Angriff genom-

men, einen Krimi wollte ich schreiben. Ich liebte Krimis und tastete mich ganz langsam an dieses nicht einfache Metier heran. Und eines Tages dann, brachte mich meine Psychoonkologin auf eine Idee. Sie machte den Vorschlag, doch einmal meine Geschichte aufzuschreiben, die Geschichte meiner Krankheit. Es gab so viele Bücher über Krebs, aber zum Thema Fatigue hatte ich damals kein einziges gefunden. Komisch, diese Idee war mir noch nie gekommen. Immer noch pendelte ich zwischen diversen Ausschreibungen und meinem Krimi. Aber meine eigene Geschichte, wen sollte das schon interessieren?
Dennoch begann ich und es ging ganz leicht, die Worte sprudelten geradewegs aufs Papier. Ich musste nicht lange überlegen, denn ich kannte die Geschichte, es war ja meine eigene. Und noch etwas Positives hatte mein neues Projekt, so viele Dinge waren geschehen. So viel hatte ich geschafft, durchgestanden – es war gut, sich das einmal wieder ins Gedächtnis zu holen. Somit ist dieses Buch auch für mich sehr heilsam, also ein Stück weit Therapie. Und ich hoffe sehr, dass ich anderen Menschen damit helfen kann.

Denn eines ist mir bewusst geworden. Egal was ist, ich bin am Leben, ich bin immer noch da. Und dafür bin ich so unglaublich dankbar. Es ist nicht selbstverständlich am Leben zu sein, denn so viele haben es nicht geschafft und sind bereits gestorben. Sie haben den Kampf verloren und hätten alles gegeben, weiter leben zu dürfen. Nehmen wir das Leben daher als das, was es ist – ein Geschenk, jeden Tag aufs Neue.
Nehmen wir die Krankheit an, vielleicht bringt sie uns zu Orten, zu denen wir sonst nie gelangt werden und zeigt uns Begabungen, die tief in uns verborgen sind.
Und denken wir immer daran, es ist nicht schlimm, auf halber Strecke aufgeben zu müssen, es wäre nur schlimm, sich nicht einmal auf den Weg gemacht zu machen. Denn nur eines zählt – auch mit einem Viertel der Kraft, kommt man ans Ziel, man braucht nur ein wenig länger.

Nachwort

Ich möchte den Leser jetzt nicht mit trockener Theorie langweilen, aber ich habe mich entschlossen, ein paar Fakten zu Fatigue zu veröffentlichen. Diese habe ich mir nicht selbst ausgedacht, sondern habe sie den Seiten der Deutschen-Fatigue-Gesellschaft e.V. entnommen. Es ist mir wichtig zu betonen, dass es für Fatigue immer noch keinen eigenständigen Diagnoseschlüssel gibt, indirekt, wird die Krankheit als solche, also immer noch nicht anerkannt. Aber ich beobachte ein Umdenken bei Ämtern, Behörden und z.B. auch der deutschen Rentenversicherung. Mittlerweile gibt es Möglichkeiten, die Diagnosesuche erleichtern, dies ist schon ein großer Schritt in die richtige Richtung.

Fatigue – Was ist das eigentlich?

Fatigue, ein Begriff des französischen und englischen Sprachgebrauchs, bedeutet Müdigkeit und Erschöpfung. Innerhalb der Medizin gibt es unterschiedliche Krankheitsbilder, die mit Müdigkeit einhergehen, vor allem chronische Erkrankungen. Um Missverständnisse und falsche Zuordnungen zu vermeiden, ist daher eine möglichst exakte Definition der Fatigue-Erkrankung notwendig. Da die Ursache der krebsbedingten Fatigue nicht in allen Einzelheiten geklärt ist, kann ihre Eingrenzung nur durch eine exakte Beschreibung der auftretenden Symptome erfolgen. Eine Definition aus den USA, wo dieses Thema schon früh einen Schwerpunkt in der Krebsforschung darstellte, lautet wie folgt:

"Die Tumorerschöpfung, auch Fatigue genannt, bedeutet eine außerordentliche Müdigkeit, mangelnde Energiereserven oder ein massiv erhöhtes Ruhebedürfnis, das absolut unverhältnismäßig zu vorangegangenen Aktivitätsänderungen ist." David Cella, 1995

Das heißt, Fatigue stellt eine krankhafte Ermüdung dar, die den Patienten extrem belastet. Die Erschöpfung lässt sich durch normale Erholungsmechanismen nicht beheben. Auch Schlaf führt

nicht zur Regeneration. Fatigue lässt sich nicht auf eine Ursache reduzieren, man spricht von einem multifaktoriellen oder auch multikausalen Geschehen.
Aber Fatigue ist mehr als die Summe der genannten Ursachen. Sie ist ein vielschichtiges Leiden, das den Patienten während der Erkrankung und der Therapie stark einschränken und daran hindern kann, ein normales Leben zu führen.

Was sind die Ursachen von Fatigue?

Fatigue kann ein Symptom vieler unterschiedlicher Erkrankungen sein. Auch bei Krebskranken hat Müdigkeit und Erschöpfung viele Dimensionen und mögliche Ursachen. Um zu klären, welche Maßnahmen am ehesten helfen können, diese Beschwerden abzubauen, ist es wichtig, gezielt nach den verursachenden Faktoren zu suchen.

Mögliche Ursachen von Fatigue:

Tumorerkrankung

Folgen der Therapie der Tumorerkrankung (OP, Strahlentherapie, Chemotherapie, Zytokine)

Hormonmangelerscheinungen (Schilddrüse, Nebenniere, Geschlechtshormone)

Begleiterkrankungen und Organschäden

Psychologische Auswirkungen (Angst, Depression, Stress)

Schlafstörungen

Mangelernährung

Chronische Infekte

Mangel an körperlichem Training (Muskelabbau)

Grundsätzlich kann die Tumorerkrankung selbst zu Abgeschlagenheit und Leistungsschwäche führen, wobei Produkte der Tumorzellen (Peptide) verantwortlich sein können. Daneben kann die Tumorerkrankung auch Gewichtsabnahme, Blutarmut und Stoffwechselstörungen verursachen. Die Tumortherapie selbst führt je nach Intensität bei fast allen Patienten zu einem akuten Fatiguesyndrom, das in der Regel nach einigen Wochen abgeklungen ist. Strahlentherapie und Chemotherapie haben Auswirkungen auf die Blutbildung im Knochenmark und begünstigen eine Infektneigung (Verminderung weißer Blutzellen) und Fatigue durch Anämie (Verminderung roter Blutzellen).
Die Aufgabe der roten Blutkörperchen ist der Sauerstofftransport. Sauerstoff wird aus der Atemluft in der Lunge auf die roten Blutkörperchen übertragen. Über den Blutkreislauf wird der gesamte Körper mit Sauerstoff versorgt. Je weniger rote Blutkörperchen vorhanden sind, desto schlechter ist die Sauerstoffversorgung der Organe.

Fatigue und Depression

Neben Angst stellt Depression die häufigste seelische Begleiterkrankung bei malignen Tumorleiden dar.
Aus therapeutischer Sicht erscheint es notwendig, bei Patienten mit einer Müdigkeitssymptomatik zu unterscheiden, welcher Anteil daran auf eine primäre Tumorfatigue zurückgeht, in wieweit sich eine depressive Entwicklung dahinter verbirgt oder ob beide Aspekte zusammenwirken. So ist vielfach beobachtet worden, dass Fatigue bei Patienten mit depressiver Stimmungslage häufiger und mit größerer Intensität auftritt, aber auch, dass Fatigue eine Depression induzieren und verstärken kann.
Eine klare Unterscheidung zwischen Depression und Fatigue wird somit nicht immer vollständig gelingen. Hinweise geben die Vorgeschichte des Patienten, das Auftreten von Episoden einer depressiven Verstimmung in der Vergangenheit oder ob das Müdigkeitsgeschehen erstmalig im Kontext der Tumorerkrankung aufgetreten ist und einer depressiven Verstimmung vorausging. Die Art des Tumorleidens und der Behandlung können zusätzliche Anhaltspunkte geben.

Dann spräche für ein depressives Geschehen, wenn die Antriebsminderung stark ausgeprägt ist und andererseits auffällige Tendenz zur Selbstentwertung mit Suizidgedanken vorliegt. Für Fatigue charakteristisch wären dagegen eine mehr körperlich empfundene Erschöpfung, Schwäche und Müdigkeit.

Auswirkungen auf das soziale Umfeld

Die Erschöpfung in ihren unterschiedlichen Ausprägungen stellt nicht nur für den Patienten, sondern auch für Partner, Familie und Freunde eine große Herausforderung dar. Nachdem bereits die Phase der Therapie viel Kraft, Rücksichtnahme und Unterstützung für den Patienten eingefordert hat, steht jetzt der Wunsch wieder zu einem normalen Alltag zurückzukehren an erster Stelle. Der betroffene Patient, und auch Partner und Angehörige sind froh, die Krankheit und Behandlung erst einmal überwunden zu haben und versuchen, wieder zu ihren alten Gewohnheiten zurückzukehren. Die Erschöpfung in ihrer chronischen Form erschwert nun gerade diesen Prozess der Suche nach Normalität im Alltag. Partner und Freunde müssen erkennen, dass gemeinsame Aktivitäten wegen mangelnder Energien nicht einfach umzusetzen sind. Bedingt durch die Folgen der Krankheit können sich zugleich die bisherigen Rollen verändern. Angesichts der massiven Lebensbedrohung werden die Partnerschaft und die Beziehungen neu definiert. Die sozialen Strukturen werden erneut auf den Prüfstand gestellt. Freunde bewähren sich oder ziehen sich aufgrund einer Überforderung mit dieser neuen Situation zurück, was von den Betroffenen selbst oft als eine Enttäuschung erlebt wird. In den Phasen der allmählichen Anpassung und Erprobung von notwendigen Veränderungen im persönlichen und sozialen Leben sind auch Fehlentwicklungen, Enttäuschungen und Rückschläge möglich. Wichtig für den Umgang miteinander ist es, dass man offen über die Einschränkungen durch die Erschöpfung sprechen kann. Äußern Sie als Betroffener Ihre eigenen Bedürfnisse und Erwartungen gegenüber dem Partner oder den Angehörigen und umgekehrt. Nur eine größtmögliche Offenheit kann Missverständnisse vermeiden helfen. Gemeinsam können Sie die Belastungen besser bewältigen. Versuchen Sie als Partner oder Angehörige den Patienten in dieser für ihn besonderen Situation zu verstehen und Rücksichtnahme zu zeigen, wo immer es möglich ist. Achten Sie jedoch dabei auch auf ihre eigenen Bedürfnisse und Entlastung. Wenn Sie es durch eigene Kraft nicht schaffen, scheuen Sie sich nicht, professionelle Hilfe in Anspruch zu nehmen. Informieren Sie sich über die Möglichkeiten der Paar- und Familienberatung, um mit den erlebten Problemen und Einschränkungen besser umgehen zu können.

Fatigue und Beruf

Je nach Ausprägung der Erschöpfung können Patienten nicht nur in ihrer allgemeinen Lebensqualität, sondern auch in der Arbeitsfähigkeit beeinträchtigt sein. In der Folge wird die berufliche Wiedereingliederung verzögert, da sich die Betroffenen sehr häufig nicht in der Lage sehen, ihre Arbeit wieder in vollem Umfang aufzunehmen. Neben der verminderten körperlichen Leistungsfähigkeit wirken sich vor allem auch die Folgeprobleme im mentalen Bereich auf die berufliche Leistungsfähigkeit aus. Im Vordergrund stehen dabei die Verminderung der Konzentrationsfähigkeit sowie der Merk- oder allgemeinen Denkfähigkeit.
Der Begriff "Fatigue" hat als eigenständige Diagnose oder Symptom in die sozialmedizinischen Begutachtung der gesetzlichen Rentenversicherung bisher noch keinen Eingang gefunden, dennoch wird dem tumorbedingten Fatigue-Syndrom auch in der sozialmedizinische Beurteilung zunehmend Beachtung geschenkt. Hierbei ist es von großer Bedeutung, die in Zusammenhang mit der Fatigue-Problematik stehenden möglichen Probleme der Krankheitsverarbeitung, die neuropsychologischen Defizite sowie die komplexen körperlichen Beeinträchtigungen genau abzuklären. Mit den Möglichkeiten der heutigen Rehabilitationsdiagnostik können die individuellen Leistungsdefizite genauer bestimmt und gemeinsam mit dem Betroffenen ein individueller Rehabilitationsplan für die berufliche Wiedereingliederung erstellt werden. Die Möglichkeiten der stufenweisen beruflichen Wiedereingliederung, die gemeinsam mit dem Arbeitgeber besprochen werden, sind hier eine wichtige Hilfestellung. Oftmals ist jedoch für die Betroffenen eine stufenweise Wiederaufnahme ihrer Berufstätigkeit nicht möglich, so dass individuelle Lösungen gefunden werden müssen. In jedem Fall ist eine Überforderung beim Wiedereinstieg in den Beruf zu vermeiden, da sie eine immer wiederkehrende Frustration erzeugen kann und nicht selten in eine

Resignation mündet, die die Fatigue-Problematik nur noch verstärkt. Sprechen Sie daher auch mit ihrem Arbeitgeber die Probleme offen an, und klären Sie die Möglichkeiten der Verringerung der wöchentlichen Arbeitszeit oder einer innerbetrieblichen Versetzung.

Wichtig dabei ist der Grundsatz:

Lassen Sie sich Zeit, und achten Sie auf die Signale Ihres Körpers!

Eine umfassende Information und Beratung durch den Arzt, einen Sozialarbeiter, im Bedarfsfall evtl. auch durch einen Psychologen sind auch hier wichtige Schritte, um den beruflichen Wiedereinstieg individuell planen zu können sowie Fragen im Falle einer möglichen Frühberentung zu klären.
(Quelle: Deutsche Fatigue Gesellschaft e.V.)

Wo bekommt man Hilfe?

Natürlich empfehle ich als erstes das Gespräch mit dem eigenen Arzt, sprechen Sie über Ihre Symptome und den daraus resultierenden Befürchtungen. Nehmen Sie auch den Termin beim Neurologen wahr, er hilft bei der Abgrenzung von Fatigue und Depression. Scheuen Sie sich nicht eine ärztliche Zweitmeinung einzuholen, Ärzte sind auch nur Menschen und mancher hat vielleicht eine andere Sichtweise wie sein Kollege.
Notieren Sie Ihre Beschwerden, zögern Sie nicht eine zweite Person mitzunehmen, wenn Sie sich allein überfordert fühlen.
Holen Sie sich überhaupt immer andere Menschen mit ins Boot, egal ob es um einen Stapel Formulare geht, die ausgefüllt werden müssen oder ein schlichtes Telefonat, welches Sie sich nicht allein zutrauen.
Hilfe bekommen Sie natürlich auch bei den örtlichen Krebsberatungsstellen und natürlich bei der Deutschen Fatigue Gesellschaft.
Schauen Sie nach Selbsthilfegruppen in Ihrer Umgebung, oftmals ist geteiltes Leid, halbes Leid. Und wenn Sie das Gefühl haben, dass diese Gruppe Ihnen nicht guttut, vielleicht gibt es noch andere Möglichkeiten.

Was kann ich selbst tun?

Seien Sie achtsam mit sich selbst, achten Sie auf Ihren Körper und die Signale, die er aussendet. Dies kann anfänglich etwas schwierig sein, mit etwas Übung wird es Ihnen immer besser gelingen.
Schaffen Sie sich gute Momente, auch Kleinigkeiten zählen.
Wenn Sie mögen, führen Sie ein Tagebuch oder einen Kalender, in dem Sie schlechte oder gute Tage notieren. Seien Sie dankbar für diese guten Tage oder Momente.
Erkunden Sie selbst, was besser für Sie ist, dass Pläne machen oder jeden Tag einfach auf sich zukommen lassen.
Nehmen Sie sich jeden Tag eine kleine körperliche Belastung vor, dass ist bei jeden Patienten etwas anderes. Dem Einen reicht ein Spaziergang, der Andere möchte lieber Radfahren. Aber fordern

Sie sich in einem gesunden Maß, damit eine gewisse Kondition erhalten bleibt.

Und wenn Sie Freude daran haben, holen Sie sich einen Hund oder gehen Sie einmal die Woche mit einem Tier aus dem nächsten Tierheim spazieren. Es ist sehr heilsam und ich kann es nur jedem empfehlen.

Nehmen Sie Hilfe an oder suchen Sie sich Hilfe, wann immer Sie sie benötigen. Falscher Stolz ist manchmal einfach nicht angebracht.

Umgeben Sie sich mit Menschen, die Ihnen guttun, scheuen Sie sich nicht, in Ihrem Leben ein wenig aufzuräumen.

Und suchen Sie sich eine Beschäftigung die Ihnen guttut und Freude macht. Egal was auch immer und wenn sie Topflappen häkeln und diese auf dem Markt verkaufen. Vielleicht gibt es etwas, von dem Sie immer schon geträumt haben. Versuchen Sie es – Sie können nur gewinnen.

Adressen

www.deutsche-fatigue-gesellschaft.de

Deutsche Fatigue Gesellschaft e.V.

Maria-Hilf-Straße 15

50677 Köln

Tel.: 0221 9311596

www.krebshilfe.de

Deutsche Krebshilfe e.V.

Buschstraße 32

53113 Bonn

Tel.: 0228 729900

Die Autorin Evelyn Kühne, wurde 1970 geboren und bekam mit 41 Jahren die Diagnose Brustkrebs. Nach erfolgreicher Behandlung, begann sie zunächst wieder zu arbeiten. Mehrere Monate später erkrankte sie am sogenannten Fatigue-Syndrom, eine Folge des Krebses oder der Krebstherapie, in einer chronischen Form. Heute lebt sie in der Nähe von Meißen. Durch die Erkrankung veränderte sich ihr gesamtes Leben, sie fand dadurch zum Schreiben. Sie veröffentlichte bisher mehrere Kurzgeschichten in Anthologien des Karina-Verlages, sowie der Schreibgruppe Prosa und arbeitet momentan an einem Romanprojekt.

www.evelyn-kuehne.de